JN136063

「自分が好きになる」

心理アプローチ大全 最高の「考え方」

神田裕子
著

※資料・図表は参考文献を元に改変し、再制作しています。
引用したものに関しては引用元を表記しました。

※本書は、2016年6月刊行『はじめての「自分で治す」こころの教科書』
（弊社刊）の復刻改訂版です。

「自分が好きになる」

心理アプローチ大全
最高の「考え方」

もくじ

はじめに

私は26歳から専門学校や短期大学で教鞭を執っていました。学生からするとお姉さんのような感じで相談しやすかったのだと思います。授業の合間に彼氏や、親との関係、将来への夢など、さまざまなことを話してくれました。でもなかには深刻なケースもあって、何かを食べ始めたらやめられない、でも食後に急激な後悔の念が襲ってくるのでトイレへ行って吐かずにはいられないという方や、感情のコントロールが利かなくなるとリストカットをしてしまうという学生からの相談もありました。

本当は誰もが幸せになりたいのです。心穏やかに、たまにわくわくするような出来事を体験しながら人生を楽しく過ごしたいのです。それなのに、どうしてつらい状況になってしまうのでしょうか。

その時の自分に満足を得ることができず、年を取っていくことに不安を抱えている人がなんと多いことか。そんなあなたには、**気づいていない考え方のくせやマイナスの行動パターン、そして感情表現の特徴があるのです**。その特徴がゆるやかな場合は「個性」と呼ばれます。ちょっと多いと「くせのある人」と言われます。かなり歪みが強いと「パーソナリティ障害」と言って、とかくトラブルを起こしがちでいつも周りに迷惑をかけている“困ったちゃん”となってしまいます。そうなるといちばん傷ついているのはその人自身なのかもしれません。

2015 年春から私は、上智大学にあるグリーフケア研究所で学び始めました。グリーフとは「悲嘆・喪失」を意味します。狭い意味では、近親者の死や事故・事件で大切な人を亡くした方、またはご自身の命に近い将来限りがあって、それへの感情と向き合っている方の心の痛みを指します。でも喪失ってそれだけではないのです。例えば 30 年勤めた会社が倒産した……、婚約を意識していた相手から別れを告げられた……、大事に育ててきた子どもが社会人として巣立ち家を離れた……など、そこにあったものが物理的になくなったり、心の中からその存在を消さなくてはいけないあらゆる状況が考えられます。そうなると人は一瞬呆然としてしまいます。そして次に怒りや悲しみなどの複雑な感情に襲われるのです。「悲しみ」とは感情のなかでもいちばん癒されることに時間がかかる「何かを失って諦めざるを得ない」時の感情です。そんな心の痛みに寄り添うことができればと思い専門の勉強を重ねています。

よりよい死をどんなふうに迎えるか？ は、どんなふうに生をまっとうするか？ とイコールでしょう。皆さんも後悔を残すことなしに人生を終えたいと思いませんか？

心理学に触れてから 35 年以上経ちました。カウンセリングを仕事として、学生相談室や授業を通して若い方々の相談を受けていた時代を原点とするなら、30 年以上、誰かのライフイベントを受け止めているのだと、昔を懐かしく思い出しています。クライエントの数ものべ２万人は超えていると思います。

不幸ぐせ……本の出版内容を相談している際にふとこの言葉が浮かびました。どうして自らを不幸にするような行動を取るのだろう……、なぜネガティブな考え方から離れられないのだろう……、そしてそうした傾向の方が、クライエントの中に意外に多いことに気づいたのです。

この本では、不幸ぐせに陥るのはどんな思考パターンでいる時なのか、モデルとなる人たちを追いながら【2週間で取り組む「14の扉」】を開いていきます。その結果に向き合って、ご自身の持っている不幸ぐせパターンを発見すること、そしてそれをどう変えていったらよいのかを一緒に考えてまいりましょう。

なお、ポインツ・オブ・ユー・ジャパンのご協力により、各章の最初のページに１枚の写真カードを載せました。これもひとつのあなたの現在の心模様を映し出してくれます。写真を見ながらそこに添えてある質問について考えてみてください。浮かんできた考えこそが、あなたの結論や選択かもしれません。

それでは、ひとつ目の扉に入る前にあなたの**「気づく力」**を確認しましょう。どんなに心理テストにチャレンジし、また不幸ぐせについて学んだとしても、あなた自身に気づく能力がないと変わっていけないのです。**不幸ぐせの最大の不幸は「気づく能力」が欠けていること**かもしれないのですから。

【「問題に気づく力」チェックシート】

▶ 1．原因分析力

・割とよくできている4・まあまあできている3・それほどできていない2・ほぼできていない1

夢や理想、志を持っている	点
現状に満足していない、または現状維持ではいけないと思っている	
失敗の理由を知りたいと思う	
現実を詳しく知りたいと思う	
違和感や納得できないと感じたら原因を探求するほうだ	

▶ 2．リスクマネジメント

・割とよくできている4・まあまあできている3・それほどできていない2・ほぼできていない1

自分の立場・役割・課題を意識している	点
環境・時代の変化を認識している	
常に危機意識を持っている	
自分には競合・競争相手がいる	
物事のリスクやデメリットもあわせて考えられる	

▶ 3．革新力

・割とよくできている4・まあまあできている3・それほどできていない2・ほぼできていない1

何事も手抜きをしない	点
わからないことに、いい加減に妥協しない	
視野が広く専門的な視点がある	
勇気を持って意見や発言ができる	
論理的に考える	

▶ 4．リソース＆スキル

・割とよくできている4 ・まあまあできている3 ・それほどできていない2 ・ほぼできていない1

経験・人脈・情報が豊富にある	点
現状の自分の能力には自信がある	
バランスのいい的確な判断力がある	
プロとしての高度の知識がある	
発想が柔軟で前向きである	

▶ 5．課題解決力

・割とよくできている4 ・まあまあできている3 ・それほどできていない2 ・ほぼできていない1

難しい課題に取り組み解決した実績があり、方法論を知っている	点
常に目標やベンチマークを意識している	
厳しい現実を直視し課題を先送りにしない	
部下や仲間の気持ちを理解しようとしている	
ウソやごまかしを見破ることができる	

総得点 ＿＿＿ 点

判定：90点以上＝気づく能力バッチリ！
89～75点＝気づく力があります
74～60点＝もっと問題への感覚を研ぎ澄まそう！
60点未満＝さまざまな課題を見逃しているおそれがあります

【課題を見過ごす人の行動特性】

澤田富雄「課題を見過ごす人の行動特性」より引用

▶ 1．他者認識力

他人の気持ちがわからない／弱者配慮ができない／他人の痛みが

わからない／地球環境への配慮ができない

▶ 2．自己認識力

自分の強み・弱みが不明確である／自分の頭と言葉で考えていない／責任感がほとんどない／当事者意識が弱い

▶ 3．状況認識力

状況・環境の変化が感知できない／物事の全体が見えない／物事・状況の先行きが見えない／物事の背景や関係性が見えない／ライバル意識が一切ない

▶ 4．思考の柔軟性

異なる文化を理解できない／さまざまな価値観を理解できない／技術などの進歩がわからない／古い常識・考えに固執する／物事を反対の面から考えない

▶ 5．自己実現傾向

都合の悪い現実を直視できない／夢や理想がない／問題意識が少ない／ネガティブ思考／すぐに諦めやすい

▶ 6．問題への感受性

感受性が鈍い／現場感覚がない／経験から学べない／他人の経験から学べない／異なる分野の人の考え方を理解しない

あなたにはどんな行動特性の弱点がありましたか？

高い点数の項目は放っておいても大丈夫です、問題は低かった特性です。これからそれを意識するようにしていくと、「気づく力」は高まります。

【ストレス思考 & 行動パターン・チェックリスト】

次に、❶〜❼それぞれのブロックについて、質問に応じて1〜4点のどれかを○で囲んでください。選んだ数字が点数となりますので、ブロックごとに合計点を出してくださいね。

区分	質問文	まったく違う	やや違う	ある程度そうだ	まったくそうだ	合計
❶タイプ	物事が思ったように進まず、イライラしていることが多い	1	2	3	4	
	周囲の人が自分の考えをわかってくれず、いらつく場合が多い	1	2	3	4	
	店や銀行などで順番待ちするのは、いらつくので嫌いだ	1	2	3	4	
	せっかちな性格で、じっくり他人と話をしない	1	2	3	4	
	行動の遅い人を見ていると、イライラしてしかたがない	1	2	3	4	点
❷タイプ	ミスをおそれ、行動が慎重になりすぎる傾向がある	1	2	3	4	
	他人からいつ叱られるかと、ビクビクしていることが多い	1	2	3	4	
	周囲から仲間外れにされないかと、不安になることが多い	1	2	3	4	
	気が小さく、心配性である	1	2	3	4	
	周囲の人の機嫌を損ねないよう、周囲の顔色をうかがう	1	2	3	4	点

タイプ	質問					点
3タイプ	他人から注意されると、ムカっとなる	1	2	3	4	
	少しでも他人から無視されると、腹が立ってしかたがない	1	2	3	4	
	他人のちょっとした言葉に、敏感に反応し、腹を立てる	1	2	3	4	
	自分の意見に誰かが反論すると、相手に不快感を覚える	1	2	3	4	
	欠点を誰かに指摘されると、とにかく不快である	1	2	3	4	点
4タイプ	失敗すると、長いこと落ち込んでしまう	1	2	3	4	
	失敗をした時、「あの時こうしておけば」と悔やむことが多い	1	2	3	4	
	他人から叱られたり、注意されたりすると、ずっと気にしている	1	2	3	4	
	ちょっとしたミスでも、強く責任感を感じがちである	1	2	3	4	
	過去の出来事を思い出し、後悔して眠れないことがある	1	2	3	4	点
5タイプ	周囲の評価を気にし、いつも緊張している	1	2	3	4	
	周囲の人にいつも気を遣っている	1	2	3	4	
	ミスをしないよう、何事にも完璧を期そうとする	1	2	3	4	
	誰に対しても気を遣うほうだ	1	2	3	4	
	何をするにも、絶対に手を抜かず、最大限の努力をする	1	2	3	4	点
6タイプ	自分の能力に自信を持っていない	1	2	3	4	
	周囲の人に、自分の考えをハッキリと伝えることができない	1	2	3	4	
	失敗することをおそれ、行動が消極的になりがちである	1	2	3	4	
	優秀な人と自分を比較して、落ち込むことが多い	1	2	3	4	
	自分だけでは決断できず、他人に決めてもらうことが多い	1	2	3	4	点
7タイプ	自分の現状について不平不満がある	1	2	3	4	
	毎日の生活に楽しさを感じない	1	2	3	4	
	将来に対し、漠然とした不安を感じている	1	2	3	4	
	自分には今の会社や学校は合っていないと感じる	1	2	3	4	
	何をやっても、充実感を感じない	1	2	3	4	点

『ストレスに負けない技術－コーピングで仕事も人生もうまくいく！』田中ウルヴェ京 著　奈良雅弘 著（日本実業出版社）を一部改変

各ブロックの合計点数のなかでいちばん点数が高かったタイプが、あなたのストレスパターンとなります。つまり、どういう思考や行動をするせいで、ストレスを感じてしまうのか、その傾向を示しています。

得点：17 点以上➡高：かなりストレスフル
15 ～ 16 点➡境界：ボーダーライン
11 ～ 14 点➡中：人並みにストレスがあると自覚している
10 点以下➡低：風通しのよい心

14 点以下の状態でも、適度に趣味などでストレスを発散させている場合は問題ありません。15 点を越えていたら、誰かに相談をした方がよいレベルになってきています。そのタイプの思考や行動を持っていることが、ストレスの元となっていますので、シフトチェンジが必要になってきていることを表しているのです。できればカウンセリングを受けるなどして、問題と向き合う方がよいでしょう。

いかがでしたか？　気づくチカラは、

・感覚の鋭敏性 ／・知識・スキル

の２つから成り立っています。このどちらかが欠けても**「気づけない状況」**にあります。例えば職場にゴミが落ちていたとしたら、あなたはどうしますか？ 自分の会社です、普通なら身の周りに落ちているゴミは拾いますよね？ でも、仕事に追われて下を見る暇もなく歩いていたとしたら？ そしてもしゴミは拾うべきという常識を知らなかったとしたら？……あなたはゴミを拾うという行動には出られません。ですから、不幸ぐせというものがあることを知らない、またはそうなる心のしくみがわからなければ、ただ苦しいだけの人生になるでしょう。そして一方ではどこか「このままでよい」になっていて、別の世界を見ようとしていないのかもしれません。そうならあなたの幸せをキャッチする感性は鈍くなる一方です。人生の課題はどこにありますか？ どんな方法で幸せをつかみますか？ このチェックシートで自分の課題への意識を高め、弱点を認識しましょう。

さあ、ではいよいよあなたにどんな不幸ぐせがついているのかを見ていきましょう。次の質問に答えて❶〜❼までのどこに該当するのか、あなたのタイプを出してみましょう。

【ストレス思考＆行動パターン・チェックリストの解説】

※点数の高かったタイプを１〜２つ選んで読んでみましょう。

▷ **❶タイプ**の人は完璧傾向があるか、一生懸命やってきたことに何らかの障害が出ていて気持ちがいらついています。本当はこうしたいということがあるのに、がまんをして言い出せないところがありますね。律儀で気まじめな一面があなたをつらくさせていませんか？

▷ **❷タイプ**はどこか自信のないところがあるため、トラブルや交渉を避けて通っています。もっと自分の考えをしっかり主張することがあってもよいのです。それが態度に出てどこか周囲から甘く見られているのです。

▷ **❸タイプ**は自分に甘く他人に厳しいという依存型。世界はあなたの思ったとおりに動く訳ではないのです。でもどこかで自分が変わろうとせず他人のせいにして不満を抱え込んでいきます。

▷ **❹タイプ**は取り越し苦労ぐせがついています。あれこれ考えるのは時間の無駄！ 過去にやってしまったことは取り戻せないのです。未来への不安も悶々と考えているだけではどうしようもありません。思い出の引き出しはもう開けないと決めること。そして未来への不安は具体的に洗い出して計画に変えていきましょう。

▷ **❺タイプ**はがんばり屋さんです。他人にもっと任せてもよいのに何でも自分でできちゃいます。だから自分が荷物を背負いすぎてしまうのです。少し心身ともに疲れていませんか？

▷ **❻タイプ**は傷つくことがこわいようです。誰でもそうなるのは嫌ですが、チャレンジした後の達成感は何物にも代えがたいものです。いつまでも自分のエリアから出ずに隣の芝生を眺めてばかりの人生でいいですか？

▷ **❼タイプ**はうつうつした気分が続いています。その原因に向き合う時が来ています。体調管理、仕事、人間関係のトラブル、住んでいる地域など、生活の根本を見直さないと病気になってしまいます。ちょっとしたことでもいいので誰かと話してみることをお勧めします。

いずれにしてもその認知（物事の受け止め方）を続けていると心身にマイナスの影響が出ます。そうとしかできない相手・状況であるなら、自分の行動や考え方をどのように変えるとご自身が楽になるのかを考えてみてくださいね。

ストレスタイプ		主なストレッサー
❶イライラ型（焦燥型）	物事が思いどおりにいかずに腹を立てるなど、周囲に対するイライラ感からストレスをため込んでしまうタイプ	他人から理解されない 他人が思うように動いてくれない 物事が思ったように進まない 自分のペースで進められない
❷ビクビク型（不安型）	先々に、自分に害をなすような事態があると考え、恐怖や不安からストレスをため込んでしまうタイプ	上司や先輩から叱られる 他人から嫌われる 失敗 他人からの評価
❸ムカムカ型（立腹型）	他人の言動から自分に対する悪意を感じ取り、怒りや不快感によってストレスをため込んでしまうタイプ	悪口や反論、無遠慮な言葉 他人の行動や態度 他人からの無視や妨害
❹クヨクヨ型（内攻型）	過去に起きたこと（失敗や不幸な出来事）を、いつまでもクヨクヨと悔やむことで、ストレスをため込んでしまうタイプ	ミスや失敗（過去の喪失） 大切なものの喪失 気になることがある 将来への具体的な不安
❺ヘトヘト型（消耗型）	何事もきちんとやろうとして緊張状態が続く結果、ヘトヘトになってしまい、ストレスをため込んでしまうタイプ	他人に気を遣っている 細心の注意が必要な時 他人からの期待を強く感じる 虚勢を張っている 自分がしないと何も始まらない状況
❻イジイジ型（内罰型）	自分の力量や存在価値に自信を持ってないために、何かあるとすぐにイジイジし、ストレスをため込んでしまうタイプ	他人からの叱責 自分の能力不足 周囲からの無視や軽視 強い劣等感
❼ウツウツ型（憂鬱型）	自分でもよくわからない漠然とした不安や不満などで、常に気分が晴れず、しだいにストレスをため込んでしまうタイプ	現状に対する違和感 目標を見出せない状態 将来への漠然とした不安 体調不良（更年期など）

『ストレスに負けない技術ーコーピングで仕事も人生もうまくいく！』
田中ウルヴェ京 著　奈良雅弘 著（日本実業出版社）を一部改変

ね？ 不幸ぐせと言ってもいろいろなパターンがあるでしょう。もちろんここに出てくる7パターンだけではありません。ネガティブな思考や行動、感情のパターンに合わせて、セルフチェンジの方法を考えていくことが成功への秘訣です。

扉を開けるとまた次にも扉が……ということで、全部で14の扉を用意しました。どの扉を開けるとあなたの心に気づきが起こり、不幸ぐせが取れていくのでしょう？ 早速試してみましょうね。

1日、ひとつの扉にじっくりと取り組んでみてください。ですが紋切り型の「解答」が用意されているわけではありません。

答えを導き出すのはあなた自身です。
本書を通して「気づき」を得て、あなた自身があなた自身を省みながら、これからの人生のための「気づき」と「再決断」を促すのが本書の役割です。そして、その答えは皆さんそれぞれに違ってきます。

この章で気づいたこと

第1日目

第1の扉
「心の底にあるもの」

message

私はなぜ、自分の使命を見つけなければならないのでしょうか？

第１の扉はまず次の作品を読んでみてください。「白雪姫」のストーリーはご存知ですね？ そう、それはそれは美しい白雪姫が魔女からもらった毒りんごを食べて眠りにつくお話です。でも、ここにご紹介するお話は原作とは少し異なるストーリーになっています。作家・倉橋由美子さんが『大人のための残酷童話』（新潮文庫）として書き下ろした白雪姫をもとに心理分析をしてみましょう。読んだらその後の質問表に答えを書き込んでください。

この章では**「心の底にあるもの」**を見ていきます。

【自己分析　投影法】

自己分析では、皆さんもよく知っている童話をもとにした心理テストを行ないます。(『白雪姫　大人のための残酷童話』倉橋由美子 著（新潮文庫）より引用)

＊

昔、ある国のお妃に女の子が生まれました。肌は雪のように白く、唇は血のように赤く、髪と瞳は真黒で、並み外れて美しい赤ん坊でした。そこで女の子は白雪姫と名づけられました。

白雪姫は大きくなるにつれてますます美しくなりましたが、お母様のお妃はその後病気がちで、白雪姫が七つの年にとうとう亡くなってしまいました。亡くなる前にお妃は白雪姫を呼んで、小さな瓶にはいった薬のようなものを渡して、こう言いました。

「私が死ぬと、やがて新しいお母様が来るでしょう。危ないことがあったらこの薬を顔や手足に塗るのです。危険が去ったら森の泉で洗い落とすといい。くれぐれも悪い人の言葉を真に受けたりしないように…。」

そう言うとお妃は息を引き取ったのでした。

お母様が言った通り、王様はまもなく若いお妃を迎えました。これがまた目を見張るほど美しい方でしたけれども、大層気位が高く、白雪姫がまるで天使の人形のように美しいのを見た時から心は穏やかではありませんでした。
　新しいお妃は秘蔵の魔法の鏡を取り出してこう尋ねました。
「鏡や、教えておくれ。誰がこの国で一番綺麗なの」
　すると鏡は答えました。
「女王様、一番綺麗なのは女王様です。」
「本当ですか。あの白雪姫も綺麗でしょう。」
「ですが、白雪姫はまだ子供です。女王様とは比較になりません。」
　それを聞いたお妃は、一度は安心したものの、考えてみればまた不安が募るのでした。そこで毎日のように鏡を取り出しては答えを確かめずにはいられませんでした。

（略）

　次にお妃が鏡に尋ねた時の答えは救いのないものでした。
「女王様は美しい。でも白雪姫は千倍も美しい。」
　これを聞いたお妃の顔は怒りと屈辱でまだらになり、目は菫（すみれ）色に燃え上がりました。お妃は早速森番の男を呼ぶと、白雪姫を殺してその心臓と肝臓を証拠に持ってくるようにと命じました。森番は白雪姫を森に連れていくと、山刀を抜いて刺し殺そうとしました。白雪姫は何でも言うことを聞くからと泣いて命乞いをしました。森番はそこで遠慮なく白雪姫を裸にして弄び、思いを遂げてから首を絞めて殺そうとしました。そこへ偶然猪の仔が走り出してきました。森番は気が変わってこの猪の仔を殺し、心臓と肝臓を持って帰りました。お妃はそれを見るなり犬に投げ与えてしまいました。

一方、白雪姫は一人ぼっちで森の奥へさまよっていきました。日暮れ前に一軒の小さな家が見つかりました。入ってみると、家の中のものは何から何まで子どものもののように小さくて、テーブルの上には七人前の皿やナイフやフォークが並べてありました。疲れ果てた白雪姫が鍋の料理とパンを食べ、葡萄酒を飲んでベッドで前後不覚になっていると、やがて七人の小人が帰ってきました。この七人は山に出かけて金や銅を探している連中で、みな頭は一人前の大人ですが、足は曲がって背丈は子どもほどしかない小人でした。

白雪姫から継母に殺されそうになった話を聞くと、小人たちは、料理や洗濯、編物などが上手にできるなら家においてやってもいいと言いました。でも白雪姫はそんな仕事を何一つ習ったことがありません。仕方がないので小人たちの夜の伽(とぎ)をしてこの家で厄介になることにしました。何しろ雪のように肌の白い美少女ではあり、根が素直でしたから年の割には床上手になって、小人たちに気にも入られ、気楽な毎日を送ることができました。ただ、昼間は一人で留守番をしなければならないのが小人たちには心配で、「あの継母には気をつけるんだよ。お前さんがここにいることを嗅ぎつけると、きっとまた殺しに来る。誰が来てもけっして家の中に入れてはいけないよ。」と口が酸っぱくなるほど注意してから小人たちは出かけていくのでした。

さて、お妃の方は、白雪姫を亡き者にしてこれで自分より美しい女はいなくなったと安心していましたが、ある日、例の鏡に何気なく尋ねてみたところ、「森の小人の家にいる白雪姫は千倍も美しい。」という答えが返ってきました。お妃はすべてを察してむらむらと悪い心が動きました。そこで早速顔に絵の具を塗って物売りの老婆になりすますと、森の小人の家を訪ねました。

戸を叩く音がしましたが、白雪姫は小人の注意を思い出したので戸は開けず、窓からのぞいてみました。

「まあ綺麗な娘さんだこと。その器量にお化粧をなさったら、お城の女王様にも負けないほど美しくなりますよ。」とお婆さんは言って、色とりどりの化粧品を並べて見せました。そして白雪姫が口紅を欲しがると、気前よくそれをくれました。

白雪姫は大喜びで口紅をつけました。するとたちまち唇は腫れあがって醜い駱駝(らくだ)のような口になってしまいました。まもなく小人たちが帰ってきて一部始終を聞くと、すぐさま白雪姫を森の泉に連れていって顔を洗わせました。腫れは嘘のようにひき、白雪姫は元通りの美しい顔に戻りました。

（略）

翌日、「怪しげな物売りから買ってはいけないよ。」と注意して小人たちが出かけたあと、窓の下で歌声が聞こえるので、のぞいてみると百姓女が籠を下ろして一服しながら林檎を食べていました。籠にはおいしそうな林檎が沢山はいっています。あまりにおいしそうなので、白雪姫は勧められるままに一つもらって食べました。するとその林檎には毒がはいっていたと見えて、たちまち咽(のど)が苦しくなり、白い肌は泥の色に変わってしまいました。百姓女は正体をあらわしてお妃の顔になり、笑って言いました。

「お前はちっとも賢くなりませんね。今度こそはどんな水で洗ってもどんな薬をつけても駄目ですよ。」

その言葉通りで、小人たちがどんなに手を尽くしてみても白雪姫の泥の肌は元には戻りませんでした。小人たちは溜息をついて、「あんなに注意しておいたのに。」とか、「お前さんがその器量のせめて半分も利口だったらこんなことにはならなかったのに。」とか愚痴をこぼしあいました。

白雪姫が泣き腫らしているところへ、ある国の王子が通りかかりました。この若い凛々しい王子は白雪姫の不幸な身の上話を聞くと、同情と正義感に駆られて、自分の愛情で奇跡を起こしてきっと姫を元通りの姿にしてみせると誓い、性悪女の王妃を懲らしめてやると公言して、早速お城へ出かけました。

お城に着くと、見たこともないほど優雅で気品の高いお妃が現れて王子を歓待してくれました。王子は一目見るなりお妃の美しさに呆然として、その機智に溢れた話を聞けば聞くほど、あれほど同情した白雪姫の不幸な身の上が何だかひどくばかばかしく思えてきました。それにあの泥の色をした白雪姫を見たあとでは王妃の方が本物の白雪姫に見えてくるのでした。若い王子はこの美しい王妃に恋をしてしまいました。
王妃もこの凛々しい青年に心を動かされたようでした。
ある夜、二人はお城のバルコニーでお互いに恋を打ち明けました。王妃はその妖しく輝く目で王子をじっと見つめて、二人の恋の成就のために是非ともやってもらいたいことがある、と言いました。それはすっかり耄碌（もうろく）している王様をひと思いにあの世に送る仕事でした。王子は勿論二つ返事で引き受けました。
事が成って、王妃と王子はめでたく婚礼の宴に臨むことができました。その夜、新婚の床に入る前に、王妃は例の鏡を取り出しました。そして物も言わず、いきなり壁にぶっつけて割ってしまいました。
「どうしたのですか。」と新しい王様が尋ねた時、王妃はにっこり笑って、「長い間私に憑いていた悪霊を片付けたのです。」と答えました。
ところで、白雪姫のほうですが、泥の色がとれないのに困った白雪姫は、ようやくお母様からもらった小瓶のことを思い出しました。天にも昇る思いで中の薬を顔や手や足に塗りました。すると泥の色が消えるどころか、もっと汚い青黒い色に変わってしまいました。それは肌を黒くする薬だったのでした。
でも、白雪姫の人生はそれほど不幸だったとも言えません。白雪姫は森の小人たちの家でよく働いて沢山の子どもを生み、みんなで仲良く暮らしたということです。

＊

皆さんがご存じのストーリーとかなり違うものになっていましたね。どんな感想を持ちましたか？

次の質問に答えてみましょう。

▶ 1．次の人物の性格分析をしてください。また年齢は何歳くらいでしょうか。

白雪姫　…………
王子様　…………
継母　……………
実母　……………
王様　……………
森番　……………
七人の小人　……

▶ 2．好きな人、味方したい人は誰ですか？　またその理由も答えてください。

▶ 3．嫌いな人は誰ですか？ またその理由も答えてください。

▶ 4．仲間でこの劇をすることになりました。裏方、プロデューサーも含めてどの役をやりたいですか？ またその理由も答えてください。

▶ 5．なぜ、実母は薬の瓶を渡して死んでいったのですか？

▶ 6．なぜ、継母は最後に鏡を割ったのですか？

それでは、解説に移りましょう。

【問１　登場人物の性格分析と年齢について】

※ひとつの見方ですので、違うからといって間違っているということではありません。

▶ 性格分析

▷ **白雪姫……素直、純粋、無知、疑うことを知らない**

➡白雪姫の名のとおり、良く言えば純粋でけがれを知らないきれいな心を持った少女ですが、悪く言えば無知で愚かな少女ともとらえることができます。幼い頃に母親を亡くし、継母には愛情を注がれることなく育った白雪姫は、うまく「自我」が育ってこなかったのではないでしょうか。

▷ **王子様……理想家、自信過剰**

➡白雪姫への同情から、「奇跡を起こし白雪姫を助けるのだ。継母をこらしめてやる」といったように、彼の理想と過剰な自信は、「〜しなければならない。〜あるべきだ」という超自我（あなたのなかのモラル）を引き起こしています。それに反して、美しい王妃に出会うとすぐに心を変える、そんな切り替えの早さはどこからくるのでしょうか。素直なのか、それとも計算高い人物か。このお話のキーマンですね。

▷ **継母……野心的、美と若さへの執着、潔さ**

➡白雪姫が表向きの主役であるなら、継母は陰（裏）の主役と言えます。鏡に映し出される外見的な美しさに取り憑かれ、内面性の美しさや精神性は求めず、白雪姫を排除することで一番の座を守ろうとします。一見気が強く自信家のようですが、自分の美しさを鏡に確認せずにはいられず、常に不安と闘っていたのです。

▷ **実母……自分の母親との関係を表す**

➡実母は解釈によっては、娘を心配しながら息絶えた愛情のある母、もしくは娘の美貌に嫉妬心を残したまま息絶えた意地の悪い母と両極端なとらえ方ができます。そのため、あなた自身の母親との関係によって、この実母への想いも変わると考えられます。母親とよい関係を持っていれば、実母は白雪姫を心配していたと思うでしょうし、逆によい関係を持っていない方は、実母の行為を悪意としてとらえてしまうかもしれません。または、「よい人であって欲しい」といった理想の母親像が出てくるかもしれません。

▷ **王様……自分の父親との関係を表す**

➡実母と同様に、今度は自分の父親との関係を示します。継母の白雪姫に対する悪事にも気づかないほど、おっとりとのんびりした性格であり、最後には妻にも裏切られ殺されてしまうかわいそうな父親。それとも、継母の行為には気づいてはいたが、見て見ぬふりをしていた小心者の父親などといったようにさまざまなとらえ方ができます。

▷ **森番と小人……利己的、見返りを求める**

➡彼らは白雪姫を助ける代わりに、セックスを要求し欲望を満たしています。良く言えば、白雪姫と彼らの間にはGive&Takeの関係が成立していますが、一方で人の心や命を何かと交換するという利己的な一面も垣間見えます。

▶ 年齢

▷ 白雪姫

７歳の時に実母が亡くなっているので、７歳以上であることは確実。最後には子どもを産んでいることから、少なくとも思春期を終え肉体的にも成熟した10代後半の年齢と推測できます。

▷ 王子様

夢と理想を追いかける若さがあり、継母の悪事にも気づかず、外見の美しさと知性に惑わされ簡単に恋に落ちてしまう。現実や本質的なことが見えておらず、白雪姫と同年代と考えられます。

▷ 継母

王様が若くきれいなお妃を後妻に迎えたとありますが、お妃は自分の美しさに対し過剰なこだわりがある一方、常に白雪姫の影に怯えていたことから、アイデンティティの確立ができていない状態であったと考えられます。そのことから継母の年齢は青年期（後期:18～30歳くらい）に当てはまるのではないでしょうか？

▷ 実母

白雪姫が７歳の時に亡くなったことから、７歳の子を持つ一般的な母親の年齢を表します。つまりあなたが考えた実母の年齢から７歳を引くと、無意識のうちに希望する出産年齢がそこにあるかもしれません。

▷ **王様**

一国を治める力のある王ですので、それなりに年齢が高いと考えられます。また、殺された時にはすっかり耄碌していたこと、中世ヨーロッパの人たちの平均寿命が30歳くらいとも言われていることから、平均寿命を超えた30代後半〜40代くらいの年齢だったのかもしれません。また、白雪姫や継母が美女であることから、女性にルックスを要求するところがあるかもしれません。

▷ **森番**

年齢を高く書いた人はいらっしゃいますか？ もし、森番が木村拓哉のように“カッコイイ”男性だとしたら印象はどう変わるでしょうか。あなたの中で、森番は年老いた男性や、あぶらぎった中年と決めつけているのではないでしょうか。なぜそのように思ったのかを一度考えてみましょう。森番には性的な匂いがつきまといます。あなたの考えた年齢は男性のピークを表現しています。

【問2　好きな人、味方にしたい人、その理由】

▶ 好きな人が同性の場合

自己弁護➡そのキャラクターが、人に認めて欲しい自分の内面や、こうありたいと望む自分自身の一面（シャドウ）を持っている。

例えば、あなたが女性で白雪姫が好きだと答えたとします。それは、あなた自身が素直で純粋であり、それを他人に認めて欲しいと思っている。または、白雪姫のように素直で純粋でありたいと願っていると考えられます。

▶ 好きな人が異性の場合

あなたが追い求める異性の理想像を示します。あなたが男性で継母を選んだ場合、理想の女性は美しく野心的な人と言えましょう。ただし、王様と答える女性のなかに自分の実の父親への執着や、母親との葛藤が表面化することもあります。

【問3　嫌いな人、その理由】

▶ 同性の場合

なぜそのキャラクターが嫌いなのでしょうか？ ここにもあなたのシャドウが表れます。つまり、向き合わなくてはいけない過去の問題点や、自分の性格の嫌な一面をそのキャラクターに重ね合わせている可能性があるのです。例えば、「白雪姫」と書いた人は、過去に相手を信じすぎて騙されたといった経験がある、もしくは、白雪姫のように素直になることができない自分に嫌気を感じている、などと考えられます。

▶ 異性の場合

そのキャラクターがあなた自身の求める異性像に反するということを意味します。つまり、「王子様」と書いた人は、もっと現実的・計画的で本質を見抜く力のある男性や、心変わりをしない相手を求めている可能性があります。

【問4　どの役をやりたい？】

ここには自分自身の成し遂げていないことや関心のあること、自分の置かれている状況や問題が反映されます。例えば、いつも会社で上司にネチネチと怒られている人が継母役を選んだとします。実際に上司に反抗することはできないので、継母として白雪姫をいじめることで、ストレスを発散する“置き換え”という心の働きが無意識のうちに起こっていると考えられます。また、スタッフを希望する場合は次のように分析することができます。

- ▷ **監督**　：大志を持っている。すべてを操りたい欲求あり。
- ▷ **助監督**：ナンバー２志向。表には出たくない、サポーター役を希望しやすい。いつか自分も、とナンバー１を狙っている？
- ▷ **大道具**：マイペース派・職人肌。こだわりの仕事を自分のペースで行なう傾向がある。

【問５　なぜ実母は瓶を渡した？】

実母が白雪姫に薬の入った瓶を渡した本当の理由は明らかになっていません。白雪姫のことを心配していたのか、それとも継母と同様に、その美しさに嫉妬していたのか……。しかしながら、実母は「危険が去ったら森の泉で洗い落とすといい」と言い残して亡くなっていきました。物語では白雪姫がそれを実行したかどうかは触れられていません。もしかするとあまり利口ではなかった白雪姫はそのことを忘れていたのかもしれません。そう考えると、実母の本心がどうであったにしろ、自分を自分自身で守る“知恵”を白雪姫に教えたかったのではないでしょうか？

他にも……「白雪姫は肌が黒くなっても森の小人たちの家でよく働いて沢山の子どもを生み、みんなで仲良く幸せに暮らした」ことから、「実母は白雪姫に目に見える外見の美しさだけが大切ではない」ことを教えたかったという考え方、さらには、実母の死は、王と当時の愛人（継母）が仕組んだことであり、自分だけでなくいつか白雪姫にも危険が及ぶことを予知していたのではないかとの見方をする人もいます。

【問6　なぜ鏡を割ったのか？】

これまでの継母は“外見の美しさ”にとらわれていました。毎日、鏡に確認するところは強迫神経症的ですらあります。美貌こそが自分の存在価値であった彼女にとって、自分よりも美しい白雪姫の存在は脅威であり受け入れがたいものだったのです。しかし、その“美しさ”は、あくまでも鏡が一方的に決めた基準にすぎません。継母も十分美しく知的な女性であったにもかかわらず、鏡の意見に依存し、精神面での弱さ・不安定さが表れています。

しかし、白雪姫がもう過去のような姿を取り戻せないと確信し、さらに愛する人（王子）との結婚によって、精神的な安定を得ました。受け入れてくれる人のいる安定性の中で、継母は自分がこれから何を大切にして生きていくのか、自分なりの結論を出したのかもしれません。外面的なものだけではなく、内面（精神）の充足・安息を手にした継母の「鏡を割る」という行為は「アイデンティティの確立」を表していると思われます。

▶ この先のストーリー展開を考えてみましょう。
継母と王子はその後どうなったのでしょうか？

あなたの「幸せ」へのイメージやその障害となるもの、今抱えている問題を表しているかもしれません。ハッピーエンドの後に何が待っているとイメージしていますか？ それを超えられそうですか？ あなたが何をどうすると、末永い幸せを手に入れることができますか？ 不幸ぐせの強い人ほど“続編”はより複雑でマイナスのハプニングが多い傾向となります。

最後に物語にはさまざまな人物・物が出てきますが、以下のことを象徴しています。このキーワードをどう解釈しますか？

▶ 女性の自立と依存の問題

白雪姫と継母は一見、正反対の人物のようですが、実は一人の女性の心の２つの側面を象徴していると言われています。素直で純粋な側面と、嫉妬深く野心的な側面の両方を持ち合わせている、女性としての全体的なあり方を表しているのです。

▶ 色の象徴するもの

白：純粋と精神性

赤：血、情熱、肉体性、女性としての成熟、性の問題

黒：死、眠り、成長・成熟のための一時的な死

▶ 森の中の小人の家

一種の退行（モラトリアム）

➡大人としての成熟（性的なもの）の拒否

▶ 売り子を装った継母が持ってくる品物の誘惑

化粧、リンゴ（赤）

➡大人への成熟のためのモチーフ、性的欲求

▶ 鏡

➡自己愛を満足させるもの、内省の道具（心の内なる動きに目を凝らす）

▶ 継母の嫉妬

➡子どもの成長は親の衰えを表す

【心理学の豆知識】

ナラティブ・セラピーとは？

**～ドミナント・ストーリー（つらいストーリー）を
オルタナティブ・ストーリー（前向きなストーリー）へ**

ドミナント・ストーリーとは、臨床心理学で言われてきた概念で、クライエントが「自己」について持っている多数の物語を指します。つまり、その人にとって主要な自己像のようなものがドミナント・ストーリーを構成します。このドミナント・ストーリーを使って行なわれるカウンセリングの種類を「ナラティブ·セラピー」と言い、ここでは、客観的事実は横に置き、「現実は言語を介した人々の相互作用によって構成される」ものと考えます。つまり、クライエントを支配する否定的なドミナント・ストーリーを、セラピストとの対話を通して、新しい肯定的·建設的なオルタナティブ・ストーリーへと作り直すのです。それによって、クライエントのさまざまな能力やリソースを引き出すことができるのです。

さてあなたはおとぎ話から何を見つけたのでしょうか？

皆さんは分析結果をどう受け止めましたか？ もちろん本当はおひとりずつカウンセリングをしていったほうが個人的な原因や解決策に触れることはできます。でも文章を読みながらでも気づくことがあるはずです。なぜその役を選んだのか、どうして答えにこの言葉が出てくるのか、などご自身の気持ちを見つめてください。

女性が男性としての王子さまを見る目と、同性である男性が何を思うのかは視点が違います。それは白雪姫や継母も同じです。そして今のご自身の立場や役割によっても思いは変わってきます。例えば、現在、部下を育てている最中の方は、うまく育っていかないその相手を白雪姫に投影して「依存的に生きるのはやめろ！」と言いたいかもしれません。子育て中のお母さんは、「早くに子どもを置いて亡くなるなんて……口惜しいことでしょう」と実母の気持ちに寄り添うかもしれません。心の底にあるものを反映させて答えを出していくその分析のしかたを**「投影法」**と呼んでいます。

さて、ここで親子関係に問題を抱えているＡさんをご紹介しましょう。Ａさんは42歳、15歳の思春期のお嬢さんを育てています。どうも最近そのお嬢さんが口応えすることが多くなってきたようです。流せばいいのにと自分でも思うのですが、ついいらついて愚痴を言ってしまうのでケンカになると悩んでいます。ずっとまじめで優等生に育ったＡさんから見ると、そんな言葉を親に言うの？ と反抗するお嬢さんを許せません。先日娘さんが学校を早退したと連絡が入り、捜し回りました。友人の家にいるのを夜になって発見し、家に連れて帰りました。どうやって娘を育ててよいのかわからないと泣きます。

不幸ぐせのひとり目のモデルとして彼女を挙げたのは、この“くせ”はAさんのお母さんとの関係が根っこにあるからです。旧家と呼ばれる地方の名士のお家に育ったお母さんはいつも身なりや言葉遣いがきちんとしていました。滅多に感情を出さない母親のことがなぜか小さい頃からこわかったそうです。Aさんは反抗期もないままに中高一貫教育の女子校、そしてその上の大学まで学年１位という好成績で進学します。父親の友人の紹介で航空会社に勤めました。そしてその上司と結婚、専業主婦として子育てをしています。今の生活に何の不満もないのですが、ここにきてお嬢さんの変貌ぶりに戸惑っているわけです。

Aさんにこの白雪姫投影法をやってもらいました。

「継母はとても自分勝手！ 自分の欲しいものをどんな手段を使ってでも手に入れようとするなんて！ そんな生き方は間違っています」

「父親である国王はいったい何をしているのでしょう？ 娘がこんなことをされているのに黙って見ているのでしょうか？」

と怒りを表現しました。「正しいか間違っているか」が彼女のものさしであり、それは彼女自身の意見のようで、実はお母さんの価値観で判断しているにすぎません。自分で決めて自分から行動することを今までにしてきていないので、お嬢さんがそうしようとした時、自分がどうそれを受け止めアドバイスをしたらよいのかがわからなくて悩んでしまったわけです。しかも、夫が単身赴任中であることで誰にも相談できず、気づかないうちに夫への不満が高まっていました。それが投影されて国王への怒りとして表現される結果となりました。Ａさんと話していると**「〜すべきです」「〜しなくてはならない」**という言葉が何度も出てきます。実は後になってわかることですが、夫はその枠にはめたがるＡさんをうとましく思い、他の女性とお付き合いしていました。今回、Ａさんのカウンセリングをしていくうち、お嬢さんやご主人の話も聞くことになりすべてを整理することとなりました。

この章で気づいたこと

第2の扉
「無意識のイメージ」

message

私はどうなることを選びますか？
私は何を表現することを選びますか？

第２の扉は**「イメージ」**についてです。

皆さんは自分を形に例えると△、□、☆、◇、※、○、♡、♧のうちどれにイメージが近いと思いますか？

そしてそれを周りの人に聞いてみた時、あなたのことをどれと言いそうですか？ そしてあなたのお友達の中で☆の形に近いイメージのどなたかがいますか？

言葉にできない「何となく」そう感じる“もや〜っとしたもの”を「イメージ」と言います。それは**心の底に広がる無意識から意識（わかっていること、気づいていること）へのメッセージ**なのです。例えば誰かがあなたのことを、形に例えると○のようだと言ったとしましょう。それはその方がいろいろな思いをあなたに対して感じていて、それを○という形に置き換えて表現しているのです。

○のイメージは人によって違います。やわらかいと答える人、ふわふわしている感じと言う人もいるでしょう。言葉の裏にどんな思いや意図があるのか、それは聞いてみないとわからないことです。

コミュニケーションは、まず会話ありきで、それをしないでいると勝手な思い込みで相手を決めつけることになってしまいます。相手の方は、あなたが協調性があり穏やかなイメージであることから○だと言ってくれたのかもしれないのに、丸い顔を劣等感に思っているとつい相手が自分を悪く言ったと受け止めてしまうかもしれません。人間関係においてお互いを主観的にとらえることだけは避けたいものです。

さて、それでは次の自由連想法に挑戦してみましょう。

【自己分析　連想法と無意識】

それでは、今日から自己分析の授業に入っていきます。この授業では、さまざまな心理検査を通して自己の内面を見つめていきます。今まで気づかなかった自分が見えてくるかもしれません。まずは**「言語連想法」**から始めましょう。

▶ 手順

①２人１組になる。

②質問者にそれぞれ順番に刺激語を言ってもらい、回答者はそれに対して３秒以内に連想する言葉を答えてください。（ひとりの場合は、刺激語を読んでそれに対し連想語を表に書き込んでください）

③質問者は回答者の答え（連想語）を表に記入してください。返答に詰まったり、出てこなかったりした際、刺激語の欄には「？」印を記入してください。

④すべて答え終わったら、次は刺激語の出題順序を変えてもう一度②、③を繰り返します。連想語は、１回目・２回目とで同じ言葉を言ってもよいですし、違っていてもかまいません。連想するままに素直に答えましょう !!

刺激語	連想語		刺激語	連想語	
	1回目	2回目		1回目	2回目
金色			空		
母			会社		
仕事			父		
鳥			白		
男性			女		
うそ			家庭		
友達			セックス		
男			髪の毛		
時間			親子		
黄色			赤		
女性			学校		
恋愛			朝食		
居酒屋			人間関係		
夫婦			おしゃれ		
青			黒		

さて、いかがでしたか？　すんなり言葉が出てきたでしょうか？

このテストでは皆さんの反射的に出た言葉によって無意識の中にあるものを考察します。３秒以内に答えるという条件が決められているのはそのためです。**人はとっさに質問されると“考える”という意識上で答えるのではなく、無意識の中にある“何か”に関連したものが言葉となって出やすいのです。**また、３秒以上時間がかかってしまい、なかなか連想語が出てこなかった、またはまったく連想語を思いつかなかったというのは、心に抑圧が働いたことを意味し、その刺激語があなたの無意識にある**“心のしこり”**に関係していると考えられます。

連想語の出てこなかった刺激語があった方はいらっしゃいますか？　このような場合、その刺激語に対して、トラウマ（心的外傷）的なものがある、または、単純にそのような経験がないということを表しています。例えば「仕事」に対して何も連想語が出てこない人は、かつて職場で嫌な体験をしていて、それが今でも心の傷となっていたり、就きたい仕事が見つからず悶々としたりしていることなどを表しているのかもしれません。もしくは、単にまだ働いた経験がないため連想する言葉が見つからないのかもしれません。

しかし、すぐにパッと答えることができたからそれでよいというわけでもありません。例えば、夫婦喧嘩ばかりしている女性が「夫婦」という連想語を聞いて、“愛情”と答えたとします。この場合、“喧嘩”と答えてしまうと、自分は夫婦関係に問題を抱えているのだと周りに知られてしまうという気持ちが働き、本心をごまかすためにとっさに“愛情”と答えてしまうのです。夫婦とは「こうあるべき」という思い、すなわち模範解答を普段から心の中に用意していると考えられます。

【テストの結果の解説】

▶ 1回目もしくは2回目のみ、または両方とも刺激語に対して「?」がついてしまった場合

➡無意識の中でその刺激語が深刻で重要なものに関連している。または、その刺激語に対して何らかの抵抗が起こっている。

▷(例 刺激語:セックス→連想語:?)
セックスに対して何かマイナスのイメージを持っていませんか?夫婦の場合は、夫(妻)との関係が潜んでいるかもしれません。

▷(例 刺激語:男→連想語:?)
異性にまつわる何かしらの関心・問題・トラブルを抱えている。または異性に対して抵抗を感じている。一番身近な男性である「父」や、「恋愛」、対語である「女」の答え(連想語)と比べてみると、何か見えてくるかも……。

▶ 1回目もしくは2回目のみ、または両方とも連想語が刺激語と対語の場合

▷全体的に対語が多い人➡まじめで頭が硬い

▷ 1回目 or 2回目のみ、または両方とも連想語が刺激語と対語の場合
➡気づきたくない・気づかれたくないもの(?がついてしまったものと同様)

対語というのは単純ですので、とっさに出やすい言葉です。

上記でも述べたように、パッと答えたからといって問題がないわけではありません。本心を隠すためとも考えられます。例えば、刺激語：父→連想語：母　というように答えた方は、父親との関係について一度、深く考えてみるとよいでしょう。

▶ある刺激語に対する１回目と２回目の連想語が反意語の場合

➡無意識世界において、混乱や葛藤、解決できていない問題があることを表す。

▷**（例 刺激語：夫婦 → 連想語：①喧嘩 ②愛情）**

夫婦間または両親が関わる問題を抱えていませんか？

▷**（例 刺激語：母 → 連想語：①やさしい ②きびしい）**

お母さまとの間で問題を抱えていませんか？
すべてにおいて完璧な母親になろうとして悩んでいませんか？

▶ある刺激語に対して２回とも連想語が否定的な場合

➡自分の中でわかっている（意識化されている）が、解決を先延ばしにしている問題を表す。

▷**（例 刺激語：人間関係 → 連想語：①大変 ②複雑）**

人間関係のトラブルを解決せずに、そのままにしていませんか？

▷**（例 刺激語：恋愛 → 連想語：①つらい ②別れ）**

過去の恋愛を引きずったままにしていませんか？

▶ それぞれの刺激語が象徴するもの

- **鳥** ➡ 自由・拘束
- **朝食** ➡ 母親との関係
- **男・女** ➡ 自分に近い異性のイメージ（両親・恋人・友人など特定の人）、または自分自身
- **男性・女性** ➡ 一般的・社会的な男女のイメージ、ジェンダー
- **父・母** ➡ 自分の両親のイメージまたは、理想像
- **家庭・親子・夫婦** ➡ 現在の自分の家庭または理想像
- **学校・友達・人間関係** ➡ 自分を取り囲む状況
- **連想語が否定的** ➡ 最近人間関係でトラブルがあった？
- **うそ・セックス** ➡ 道徳観
- **連想語が両方否定的** ➡ モラルが強いか過去に嫌な経験があった？

▶ 嘘について

嘘をつくという行為はいけないことなのでしょうか？　嘘には相手を傷つけるためにつくものと守るためにつくものがあります。例えば、最愛の妻がガンで入院したが、本人の気力がなくなることを考えると本当の病名は言えなかったなど、どうしても嘘をつかなければならない状況に遭遇する場合もあるでしょう。それでも嘘は許せないという方は、あなたのなかのモラル（超自我）が影響しているからです。独自の道徳観や信念を持っているということは素晴らしいことです。しかし、常にそれらに縛られているのはつらくありませんか？　許せない

と思うからつらいのです。世の中は不条理であるので、いつも自分の考えのとおりに事が進むとは限りません。仕方がないこともあるのだと柔軟に考えることができれば、そのつらさも和らぐのではないでしょうか？ あなたの、その「超自我」が生育歴のどこから来ているのか一度考えてみてください。

▶ 色について

今回の刺激語の中には６つの色（金・白・赤・黄・黒・青）がありました。その中で、連想語が２回とも否定語になった色はありますか？ また上記の色以外で、ネガティヴなイメージを持っている色はありますか？ 当てはまる方は、意外な自分の一面を発見できるかもしれません。

その色の物を持ち歩かなくなった、または身につけなくなったのはいつごろ？ 逆にこだわってその色の洋服しか着なかったという時期はありませんか？

その色を身につけると周りからどう見られるから嫌なのですか？（どう見られたいのですか？）

その色を身につけると自分がどういう気持ちになるから嫌なのですか？（または好むのですか？）

色やイメージは無意識から意識に語りかけるメッセージです。何気なく選んだ洋服や持ちものがあなたの気持ちを表現していることがあるのです。

【意識と無意識について】

さてここで、意識と無意識について説明しましょう。心理学に興味がある方なら「フロイト」という人の名前を一度は耳にしたことがあるのではないでしょうか？

フロイトは人間の心は、無意識・自我・超自我の３つに分けられると考えました。それは、しばしば氷山の一角に例えられます。海面下が無意識層、海面より上に出ている部分が意識層です。氷山という比喩は、海面上に出ている部分はほんの一部であり、小さいと思っていても、海面下を覗いてみると実際はとても大きな部分が隠れていることを表しています。

人間の心もそれと同じで、意識化（気づいていること、覚えていること、理解していることなど）している部分はほんの少しでしかなく、あとは普段意識することのない「無意識」であるとしました。そして､その「無意識」の中にある“何か”が、人間の行動を突き動かしているとフロイトは考えたのでした。

次の絵は、心の構造を氷山に例えたものです。

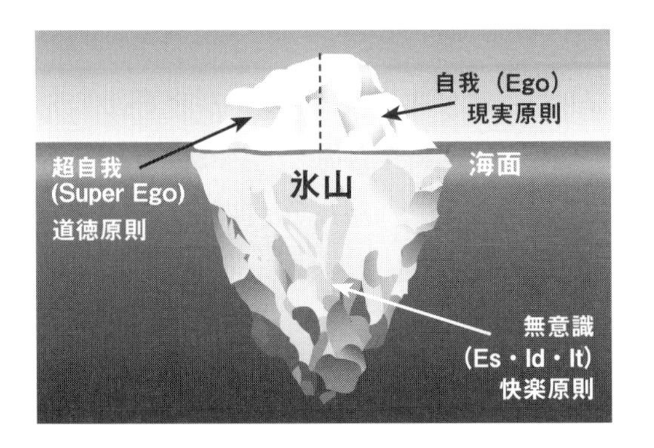

▶ 無意識とは？

【Es（エス・ドイツ語）、Id（イド・ラテン語）、It（Idの英訳）】

無意識層の中心の機能で、人間の欲求・感情・衝動をそのまま自我に伝える。快楽原則にのっとって活動している部分。

▶ 自我【Ego（エゴ）】とは？

自我は意識層の中心の機能で、通常、反抗期や挫折経験によって育つとされている。エスからの要求と超自我からの自己規制を受け、その場に適応できるよう現実的な判断をくだす。現実原則にのっとって活動している部分。

▶ 超自我【Super Ego（スーパーエゴ）】とは？

意識層にあり、親の躾などにより４～５歳くらいまでに形成される機能。「～しなければならない」「～すべき」「～してはいけない」という道徳的観念。道徳原則にのっとって活動している部分。

では実際、無意識・自我・超自我はどのような働きをしているのでしょうか？ わかりやすい例をひとつ紹介しましょう。

今日あなたは会社で大事な会議があります。
しかし、朝起きると具合が悪く、熱っぽいようです。
体温を測ってみると、なんと38度ありました。

あなたの無意識は……
「38度もあるんだよ！ 今日は会社を休みたいよぉ……」
と語りかけます。

一方で超自我は……
「あなたが休むと皆が迷惑するよ！ 会社に行くべきだ！」
と反論します。

さて、あなたはどうするか悩んでしまいます。「具合も悪いけど、会社にも行かなくちゃ……」そんな時、自我が無意識（エス）と超自我の２つの言い分を聞き、適切な状況判断をします。

「今日は重要な会議。休んだら取引先を逃してしまう……」

↓

「会議は出席しよう！」

↓

「でも体がつらいなあ」

↓

「終わったら早退して病院に行けばいい」

要するに、自我はその時の状況に合わせ最適な決断をする役割を持っているのです。

無意識・自我・超自我、これらのバランスが崩れてしまうと、何らかの問題を引き起こします。超自我が強すぎますと、何事に対しても「〜すべき」という思いで行動することが多くなり、完璧主義に陥る傾向があります。厳しくしつけをされて育った方によく見られます。反対に、自我が弱まる（自我が育っていない・成長していない）と、超自我と無意識の板ばさみに遭い、適切な判断ができなくなるのでしばしば葛藤をひき起こします。カウンセリングに訪れる方によく見られるケースです。

人がそのように育つ環境として、ご両親もしくは父母どちらかが厳しすぎた、または逆に甘やかしすぎたという両極端なケースが考えられます。厳しい親のもとでは、子どもは親の言いなりになり、自分の意志で決断することができません。また、甘やかしすぎる親のもとでは、何でも親が決めてしまうため、自分で決断するチャンスを奪われます。そのため、問題が起きた時に適切な判断ができず、ストレスになったりそこから起こる身体症状が表れます。

この言語連想法をやってみて、どんなことを考えましたか？
自分の職業への感じ方や育ってきたご両親の影響、心のしこりに気づいた人は、それをこれからどのようにしていきたいと思いますか？
結果がわかって終わりなのではなく、その浮かび上がってきた課題を「今」解決しようとしていかないと、先の人生でまた同じことを繰り返します。それが不幸ぐせの原因となるのです。

「自分の居場所を見つけられない」という不幸ぐせを抱えるBさん（男性41歳・病院事務）のことをお話しましょう。彼の答えで気になったのは「父」という刺激語でした。連想語が出てこないのです。なぜだと思いますか？ このことは、心に抑圧がかかり意識化できないほどつらい思い出と関連があることを表していました。Bさんが9歳の時に他の女性と家を出ていった父親は、どこで暮らしているのかいっさい連絡をよこさなかったのです。彼と生まれたばかりの妹、そして母親はそれから経済的に大変苦労をしました。Bさんは中学から新聞配達をして家計を助けます。母が仕事をしている間、きょうだいは力を合わせて家を守りました。彼は父親とはどういうものかわからないなりに、妹をしっかり育てようと自分の理想となる父親像を演じます。しつけに厳しく、嘘はいけない、他人を頼らず自分の意志でしっかり生きていくようにと言い続けます。アルバイトの合間に妹の勉強を見てあげる毎日、そのせいもあって妹は優秀な医師となり自立します。彼は進路をどうしたかと言うと、なりたい職業を探すよりも経済的に豊かに暮らせるような会社を選択していきます。でもどれも長続きしません。決まって上司や先輩と意見が合わずに辞めざるを得ないということを繰り返します。なぜでしょう？ 彼は「〜すべき」「〜を許せない」が多過ぎるのです。“自分の価値観や考え方はすべて正しい”からスタートするために、少しでも自分の価値観が通らない状況になると「一緒にやっていけない」という結論をくだします。よい職場、素晴らしい上司の理想像を描き続けますが、そのように完璧な状態があろうはずもなく、彼は職場を去ることになるのです。実はＢさんの心の底には、どういう価値観で生きていったらよいのかというものさしがありません。自分が「こう生きたい」という思いではなく「〜すべき」で生きてきたからです。結婚して１男１女に恵まれましたが、生活が安定しないため妻は子どもを連れて実家に戻ってしまいました。公私ともに孤独感を抱える彼の自分探しの旅はしばらく続くことになります。

もうひとりの女性Ｃさん（37歳・保育士）もまた「自分の居場所を見つけられない」ひとりです。彼女はたくさんの習い事をしてきましたし、資格もたくさん持っています。でもどれも「したいこと」ではないのだと言うのです。興味を持ち何かを習い始めるのですが、思っていたものとは違うという理由により途中でやめてしまいます。友人が「あなたはこれから何をしたいの？」と聞いても「わからない」と答えます。そうなのです、彼女自身が何を学んでそれをどう生かしたいのかがわかっていないからです。結婚もまだ考えられない、出会いもない、仕事はそれなりにやっているけれどずっと続けたいとも思っていない、そんな葛藤を繰り返しています。自由連想法の刺激語「会社」には「給料」という答えが出るのに、「仕事」のところでは答えが出てきません。さらに「人間関係」の言葉には「めんどうくさい」「ひとりになりたい」と否定的な内容を書いています。同僚との付き合いに苦手意識もあるようですね。

Ｃさんとのカウンセリングにおいて次のマトリックスで整理してみました。人生でやるべきことの中で、急ぐし重要であるもの、急がなくてもよいけれど大事なこと、緊急を要しないけれどいつかは取り組むべき問題、急いでもいないしそれほど大切とも思っていないこと、の４つに箇条書きをしていきます。その中で見えてきたもの、それは置き忘れていた過去の夢でした。旅行が好きだったＣさんは本当は航空会社の客室乗務員になりたかったのです。でも公務員の父親は反対、何歳になっても勤めていられる保育園勤務、しかも公務員という安定した職業に無理やり決めさせたのです。このことを思い出したＣさんは、英会話を習い始め旅行代理店に就職を決めます。今では添乗員として世界各地を案内して回っています。

皆さんもマトリックスをまとめてみましょう。いちばん注目したいのは**「それほど急ぎではないけれどいつかは答えを出さなくてはいけないと思っているエリア」に何を書いたのか、**です。本当はそのことに結論を出さないと後悔してしまうのにやっていないから今の問題が起こっているではないですか？いま一度、過去と将来を整理してみましょう。

この章で気づいたこと

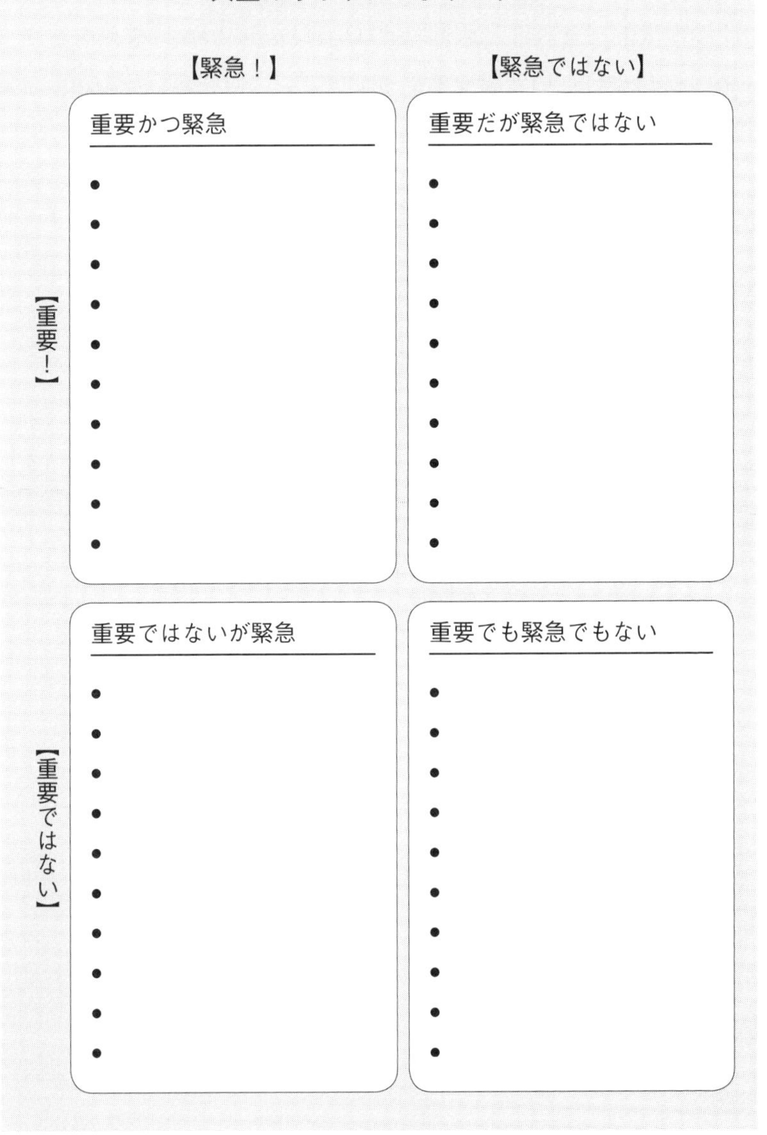
人生のキャリアマトリックス
【緊急！】
【緊急ではない】
【重要！】
【重要ではない】
重要かつ緊急
重要だが緊急ではない
重要ではないが緊急
重要でも緊急でもない

第3の扉
「自分の鏡」

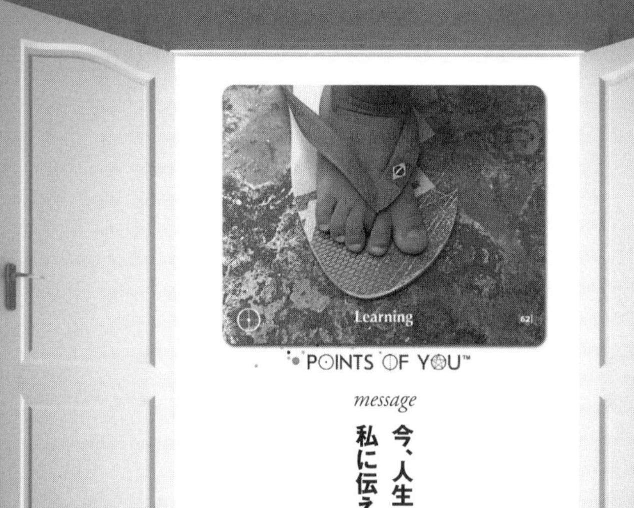

message

今、人生はどんな教訓を
私に伝えているのでしょうか?

【価値観を考えるきっかけとなるエクササイズ】

皆さんは幸せって何だと思いますか？

成功という言葉と何がどう違うのでしょう？

他から成功していると見られる人でも意外と心の内には寂しさを抱えていることも多いのです。

ここに出てくるＤさんは 34 歳、看護師をしています。ちょうど中堅どころ、「主任」という肩書をもらい周囲から期待されています。面倒見もよいし職場でも効率化を進めるプロジェクトチームのリーダーも務めています。でもなぜかいつもプライベートが充実しません。恋愛において友人たちから「あの人のことを好きでいるのはもうやめたら？」と言われるような相手としか付き合ってきていないのです。つい最近別れた彼氏は２つ年上のバツイチ独身、優柔不断で感情的、彼の考えに合わない人はすぐに嫌いだと決めつけます。でもどこか寂しがり屋なのでサークルを作ろうとします。最初は彼の似非リーダーシップのもとメンバーが集まるのですが、皆の意見を取りまとめることができないため自分勝手なやり方になる、それでメンバーは自然と離れていくのです。残るのはルックスのよい彼を慕う取り巻きの女性たちだけ。Ｄさんはそんな彼の不器用さを好きだと言います。でも彼はＤさんを大事にするわけでもなく、都合よく作業を手伝わせます。その前にＤさんが付き合った人も意見をはっきり他人に言わないタイプで内向的、どうも

Dさんは「私がついていてあげなきゃ」と感じてしまうと好きになっているようです。「どの彼もあなたでなくてもいいの、もっと自分の幸せを考えたら？」と身近な人が言っても「いいの！ 私は私の信念を貫くの」と聞き入れません。彼女のご両親は自営業で菓子店を営んでいました。共働きの親とのかねあいで小さい頃から自分のことは自分でしなければいけない環境、そして長女で責任感の強い性格から少々つらいことがあっても我慢してきました。他人に甘えることに慣れていないのです。そしてダメな相手に自分の役割を見出してしまっています。いつまでこの不幸ぐせを繰り返すのか、D子さんは気づいていながら自分の考えを曲げないでいます。

ここで皆さんの身近な方にご登場いただきましょう。

次の表の名前１～３に、その条件に合うあなたの知人、友人の名前を記入してみましょう。そして３人とも、もしくは２人に共通すること、例えば「お金持ち」「ルックスがよい」などを「共通の特性」枠に記入していきます。

項目	名前１	名前２	名前３	共通の特性
あなたから見て幸福だと思える人				
あなたから見て成功したと思う人				
あなたをイライラさせる人				
３時間以上一緒にいてもいい人				
最近あなたが腹を立てた人				
あなたの初恋の人、好きになった人				
あなたのライバル、競争心を起こす人				
あなたが助けてあげたい人				
あなたを理解してくれる人				
あなたが近づきたくない人				

『「独習」実践カウンセリング・ワークブック』福山清蔵 著　日精研心理臨床センター 編（日本・精神技術研究所）参照

まず全部埋められましたか？ もし空白が多くなったようなら、最近のあなたは人と交際しているのかどうかを確認してください。もしかすると忙しかったり気分が落ち込んでいるせいで心を閉ざしているのかもしれません。もし身近でどうしてもおいでにならない時は、芸術・芸能界などテレビのなかの人、または歴史上の人物でもかまいません。

そして３人ずつ名前を書いた時、同じ人が複数の場所に挙がっていませんか？ 名前がいちばん多く出た人ほど関わりや想いが強い相手なのでしょう。また共通項を探す時に、２人が持っているけれどひとりは別、ということがあってもかまいません。

このワークの活用の仕方を解説しましょう。

あなたにとって幸福な人とはどんな人でしょう。現在の状況に幸せを感じている場合は、その生活が表現されます。不幸だと思っている人は、叶えたい未来像を書くことが多いのです。そして成功をどうとらえるのか、あなたが望んでいるのは成功と幸福のどちらなのか、執着を手放してこの瞬間に満足しているのかどうか等が表れます。さらにそこには、あなたがなりたいと思っても手に入れられない人生（シャドウ）が描かれることもあります。

「３時間以上一緒にいてもいい人」と「理解してくれる人」に同じ名前を書く人がいます。その人物はあなたの何を“理解”してくれるのでしょう。あなたはその人の何をもって「理解してくれている」と判断するのでしょう。

「イライラさせる人」や「腹を立てた人」は、あなたの中にある「～すべき」「～してはいけない」という価値基準を表しています。あなたが大事にしているモラルが挙がることもあります。その時に注意したいのは、相手はあなたほどそれを守っていない、いえ、守れないということ。そうとしかできない相手に対して、あなたはストレスを抱え込んでいるのです。変化の見られない対象や状況であるなら、あなたはどのように行動を変えますか？

恋愛相手にも共通項があるでしょう。初恋というよりも「深く関わった人物」を書く方が発見があるかもしれません。共通するキーワードとあなたの育ってきた歴史を比べてみると、意外なつながりがあるもの。つまり親や家庭環境を基準に恋愛相手を選ぶことがあるからです。本当は親に認めてもらいたかった性格の一部分を恋愛相手は受けとめてくれたのかもしれないし、反対に長所をそのままほめてくれたのかもしれません。もちろん劣等感を克服してくれる相手を選択することもあります。恋愛はあなたを成長させてくれた機会であったのです。

「近づきたくない人」に、あなたはとても嫌な思いをしましたね。心の傷になっていることでしょう。だからもうその人物から離れましょう。似たタイプにも要注意。逃げることは悪いことではありません。世の中にはどうしても仲良くなれない人がいるし、攻撃的な思いを持つ人もいます。あえて傷つくために近寄らなくてもいいのです。それは家族であってもです。ただ、もしも書いた人物を毛嫌いしているだけなら…もったいないことです。もしかするとご縁がある方かもしれません。

こんなふうに無意識に書いた名前も、分析してみると自分の欲求や解決できていない課題を教えてくれることがあります。どうか気づきを通して、前に進めますように。

第4の扉
「感情とは何か」

message

望むようにいっていないとき、自分に何と言い聞かせているのでしょうか？

不幸ぐせの“傾向と対策”第４の扉を開けましょう。
ここでは**「感情とは何か」**について考えてみます。

「どうして照れずにありがとうって言えなかったんだろう」「なぜここまで怒られても反抗できないのかしら」と思ったことがありませんか？ その瞬間にあなたは自分の感情を評価してしまい、その感情にふたをすることになります。感情には良い感情・悪い感情なんて分け方はありません。そのまま感じていることを受け止めて、あとはどう表現するかの問題だけなのです。

相手の怒りをうまく受け止めることができない男性Ｅさん（公務員・29 歳）は、今日も仕事の帰りに一杯飲みながらため息をついています。彼は先輩に叱られたのです。それはここのところずっと続いています。本当なら「それはあなたの業務ではないか？」と言いたかったし、「もしかするとパワハラではないか」とも思うのですが、ものすごい勢いで怒鳴り続ける先輩を前にすると何も言えなくなってしまいます。Ｅさんは穏やかな両親と妹の４人家族です。自分たちの子ども２人がまだ結婚していないため一緒に生活をしています。あと数年で公務員である父は定年を迎えます。そうしたら夫婦で列車で日本縦断旅行をしようと仲良く計画を立てているのを見て「よい夫婦だな〜」と思っています。平凡であるけれど家族皆が仲良しで、そんな家庭に生まれた幸せを感じながらＥさんは育ちます。小中高校の学生時代ですら、今回の先輩のように怒りの感情をあらわにしてくる人と出会ったことがありません。だから、どうしてこんなことになるのかなぁと自分の運のなさを嘆いてしまいます。ただ叱られる時のＥさんはライオンににらまれたうさぎのようで、声は小さく震えています。たぶん怒鳴っている先輩からすると弱い者いじめをエスカレートさせたくなるＥさんにも非があるのだと思っているようです。

お話を聞いていると急に「いや！　いた！　中学校の部活のコーチが同じように感情的だった、この先輩と似ている！」とＥさんが叫びました。思い出したのです、自分がまったく動けない、話せない、震えるという体験をした過去を。その水泳のコーチは厳しく教えることが選手のためといつも大声で怒鳴って注意をしていました。それがこわくてＥさんは練習に手を抜くことができませんでした。大会成績は良かったのですが、３年生になって引退すると同時に水泳からも足を洗ったのです。あれから誰かが大声を出して話しているのに出くわすと、その場所を避けて通るようになりました。比較的おとなしい家庭に育ったことやこうした過去の体験からＥさんの中で「怒りはいけないもの」という考えが生まれます。だからそれを表現しなくてはいけない状況になると黙ったり、その場から離れたりという行動に出ることになります。怒りは悪いものではありません、どう相手を傷つけずに自分の思いを伝えるのかが重要になります。

【５つの感情のワーク】

ノートかＡ４判くらいの紙に五角形を描いてください。そして中心点からそれぞれの頂点へ線を引いて５つに区切ってください。そしてその外側に「怒り」「喜び」「悲しみ」「不安」「苦しみ」と書きましょう。今から３分の間に、それぞれの枠内にその感情を表す言葉から連想される単語やセリフを何でもよいので記入してください。例えば、「ああ」「腹が立つ」「事故」なんていうふうに。

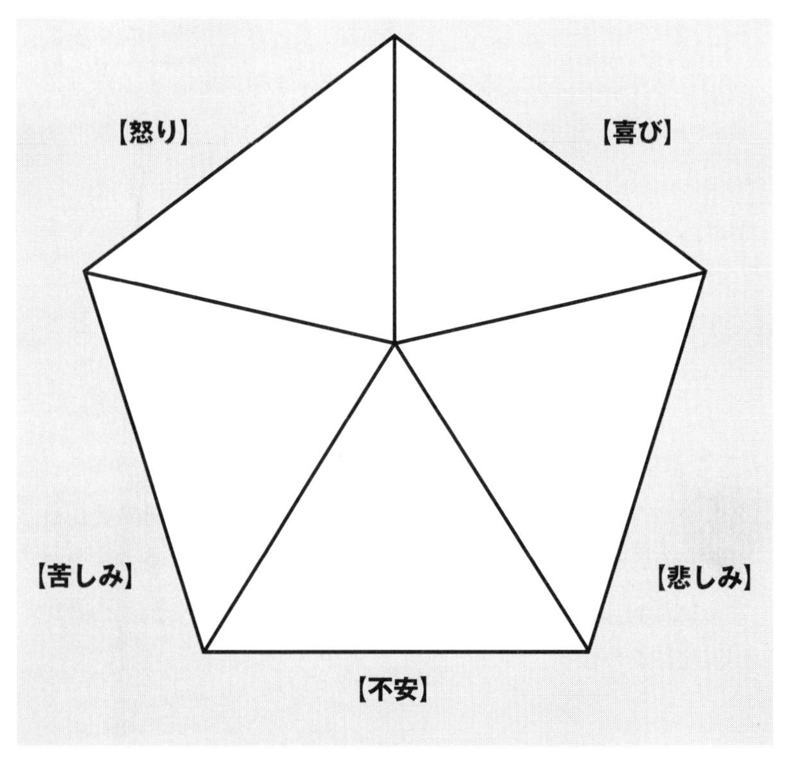

書き終わりましたか？

５つの感情のうちどの枠にいちばんたくさん言葉を書けましたか？ そしてどの感情のエリアには言葉が出てこなかったでしょうか？

多く連想できた感情については、最近あなたの生活で起こった印象深い出来事に関連しているか、日常多い感情を表しています。つまりそれが「喜び」のエリアの場合、ここ１週間ニコニコして過ごせたのではないでしょうか。一方浮かんでこなかった感情について、それが**あなたにとってまだ処理しきれていない感情**であることになります。例えば「悲しみ」であれば何かによって失ってしまった心の空虚感をまだ埋められていない、「不安」なら何か将来的なある問題について見通しが立っていないことを暗示しているかもしれません。または「怒り」に上手に対応できずいつもその感情から逃げている、のかもしれません。

感情を言い表す言葉は日本に3000ほどあると言われています。細かく分類したらそうなりますが、それを大きく分けるとこの５つに集約されます。

- **怒り**
- **喜び**
- **悲しみ**
- **不安**
- **苦しみ**

それぞれどんな感情かと言うと、

▶ 怒り

「当然相手は（自分は）どうすべきである」という価値観があって、それが満たされない状況時に起こる感情。

例「上司であれば部下の失敗についても責任を取るのは当たり前だ！ それなのに責任回避だなんてけしからん！」

例「ダイエット中なので食べずに我慢するのは当然なのに誘惑に勝てず寝る前にケーキを食べてしまった……」（自己嫌悪）

怒りは相手と自分のどちらかに向きます。先の例に挙げた人は親分肌で面倒見のよい人かもしれません。自分自身が常日頃から責任というものを大切にしながら生活しているので、そうできていない上司に対して腹が立つのでしょう。次の人もダイエットなんて失敗するほうが多いのに、この位の油断をする自分を許していないことから、自己嫌悪や自責の念に取り憑かれています。その背景にある性格傾向は両極端な２つに分かれます。自分もきっちりやっているから、またはいつも厳しく自分を律しているからこそ相手のミスに対して怒りを覚える**「完璧タイプ」**と、自分のことは棚に上げて物を言い、何でも失敗する理由が自分への“甘え”という**「依存タイプ」**です。どちらにしても自分自身の考えや行動を変えようとせず、それを相手に望んでいます。あなたはどちらで怒っているのでしょう？

▶ 喜び

〔何かへの期待や希望が叶ったか、もう少しで叶えられそうな時の感情。〕

例「彼と婚約したの」
例「今回の模擬試験で希望校判定がＡランクだったんだ」

それぞれどんな願いが叶ったかというと、彼と今の段階では結婚していないけれど、そして人生はまだ先が長いのだけれど、“今”婚約が決まったことで“将来も”彼とずっと一緒にいられるという思い、またはこの人と一緒なら幸せになれるという将来への希望がそこにあります。また実際は志望校に合格はしていないけれど、今の成績でいけば合格できるだろうという未来への期待の気持ちでしょう。だからこの瞬間うれしいという感情を持つのです。

▶ 悲しみ

〔 何かを失ってしまい諦めざるを得ない時の感情。 〕

例「飼っていたペットが死んでしまった……」
例「40 年勤めあげた会社からリストラをされた……」

ここで注意をしなければいけないのは、口では「悲しい」と言ってはいても諦めていない場合があるということです。「あなたからそんなこと言われるなんて悲しい」というケースでは、本当に「そんな人だったのか……」と失望してもう付き合わないと関係性を断ち切る場合は「悲しみ」であるかもしれません。でもショックだから謝って欲しいと相手が変わることを求める場合は諦めていないので悲しみの形を借りた怒りや抗議であったりします。その見極めが大切ですね。

悲しみの感情については 3.11 の震災や不条理な事件・事故の被害者もそうです。グリーフ（喪失感）を抱くことになります。そこからのケアはとても時間のかかることであり、単なるなぐさめの声をかけるよりも、「ただそこにいる」ことがとても大切な癒しとなるのかもしれません。

▶ 不安

〔 将来の見通しが立たない時のもやもやとした感情。 〕

例「老後が心配だ」
例「新しい職場が不安……ちゃんとやっていけるかな」

過去と現在について人は不安にならないのです。未来に何があるのかわからないから心配になります。本当にそれは起こるのでしょうか？ わからないことですね。それなら不安を計画に変えましょう。もしそうなったら、自分はどうするのかを考えて準備をするのです。例えば老後といっても何を不安に思っているのでしょう。経済的なこと？ パートナーとの関係？ 介護が必要になるかもしれないこと？ まずは問題を具体的に絞り込んで、その解決方法を手帳に書き出してみましょう。現在の健康面はどうなのか？ 検査には行っているのか？ 経済面なら今の貯蓄はどのくらいあるのか？ 将来いくらかかるのか？ などのように情報を整理してみましょう。そうしないで悶々としていると不安な思いはつのっていきます。新しい職場って人間関係のこと？ そうならどんな人がいたらこわいの？ その人とどうするとうまくやっていけると思う？ と自分に問うてはっきりさせていくのです。そうしたらあとは計画表に従って行動していけばよいだけのことなのです。

▶ 苦しみ

喜び以外の３つの感情が長く続く時の感情。

例「妻との不仲がずっと続いていて苦しい」
例「姑の介護からいつになったら解放されるのだろう、つらい」

長く続いているとどんな痛みも耐えがたくなりますね。心も同じです。時間がかかればかかった分だけ、その問題は重く気持ちにのしかかります。できればどのタイミングかで向き合い解決に向かって歩き出したいところです。妻との関係がうまくいかないのは何が原因だったのでしょう？ 今後どうしていきたいのですか？ 自分の気持ちを整理しましょう。姑の介護を自分ひとりで背負い込んでいませんか？ 他の家族やヘルパーなどの社会的資源も活用しながらやっていきませんか？ 疲れきってパワーがなくなる前に、心の叫びを誰かに聞いてもらって前に進みたいですし、それは早いほどよいのです。私たちカウンセラーはそのためにあなたのそばにおりますよ。

ヘルスカウンセリング学会で用いられている感情分類による資料を添付しておきますので、あなたの深層心理について考えるきっかけにしてください。

〜苦手とする感情はどれですか？〜

〜いつからその感情をネガティブに思っていますか？〜

感情のコントロールとは、例えば、怒りや不安を抑えるということではなくて、ここはきちんと表現した方がよいのだと判断したなら、相手に伝えたり、自分を許すことがあってもよいということです。伝え方のトレーニングが必要という場合がありますので、その場としてカウンセリングを活用するのもひとつの方法です。

【人間の感情分類】

▶ 喜びとは・・ある期待や思い、そして願いが叶ったか、もう少しすると叶えられそうな時の感情

例　うれしい / 楽しい / 快感 / 共感 / 興味 / 幸せ / 希望
安心 / 自信 / 好意 / 感謝 / 感動 / 成長 / 期待 / 畏敬
勇気 / 愛しい / 尊敬 / 満足 / 解放感 / 充実感 / 決意
やすらぎ / 願望 / 意欲 / あこがれ / 使命感　など

Q 自己への質問
あなたの今の気持ちは喜びの感情のひとつですが、どんな思いや希望、期待が叶えられた（叶えられそうな）のですか？

▶ 不安とは・・将来が漠然として、先の見通しがつかない時の感情

例　おそれ / 心配 / 気がかり / パニック / 焦り
生命危機の恐怖 / 見捨てられる恐怖 / 自己否定される恐怖

Q 自己への質問
あなたの今の気持ちは不安の感情のひとつですが、どんなことの見通しが、具体的につかないのですか？

▶ 怒りとは・・（自己／他者への）当然得られるべき思いが得られなかったり、得られそうにない時の感情

《他者への怒り》

例　嫉妬 / 軽蔑 / 悔しい / 不満 / 敵意 / 嫌悪感 / 不信
攻撃心 / 拒否感 / 憤り / 憎しみ / 恨み / むかつく

Q 自己への質問

あなたの今の気持ちは怒りの感情のひとつですが、相手に対して、当然こうあるべきという願いや期待がありますね、それはどんなことですか？

《自己への怒り》

例　恥ずかしい / 自己嫌悪 / 同情心 / 後悔 / 自責 /
罪悪感 / 強い情けなさ

Q 自己への質問

あなたの今の気持ちは怒りの感情のひとつですが、自分に対して、当然こうあるべきという願いや期待がありますか？

▶ 悲しみとは・・ある思いや期待していたことを失ったり、失いそうな時の諦めの感情

例　悲哀 / 寂しい / 孤独感 / 無力感 / 絶望 / 喪失感 / 虚しい
せつない / 不条理 / 失望 / 情けなさ / 諦め

Q 自己への質問

あなたの今の気持ちは悲しみの感情のひとつですが、何に対してどういう思いを諦めざるを得ないのでしょうか？

▶苦しみとは・・期待どおりにいかないことが続く時の感情

例　つらい / しんどい / 苦痛 / 苦悩

Q 自己への質問

（不安、怒り、悲しみの３つのネガティブな感情に戻るような）期待どおりにいかないことが長く続いている時の感情ですが、どのようなことが続いているのですか？

この章で気づいたこと

第5日目

第5の扉
「コミュニケーションと会話」

第５の扉は**「コミュニケーションの基礎となる会話」**がテーマです。

コミュニケーションをよく自分の性格上、苦手だと言う人がいますが、それは日本だけの文化ですね。日本には古くから「阿吽（あうん）の呼吸」というものがありました。はっきり言わなくてもわかるだろう、このくらいのことに気づかないなんて本当にあなたは気が利かない、こんなふうに性格の問題として片付けられてきたのです。

ですから、もしコミュニケーションがうまくいかなくて人間関係にトラブルが起こった際、「どうして自分はこうなのだろう」と自分を責めることになります。欧米においては自分の言いたいことははっきり主張することは悪いことではありません。むしろそうできない人はよくわからない人と周囲から評価されてしまいます。もちろんそれは言語学的にも主語や述語を省略しないつくりという、もともとの背景もあるでしょう。そしてコミュニケーションスキルがそこに生まれていきました。

私は相性のよい人とは放っておいてもうまくいくと思っています。でも学校やビジネスの場など、あまり好きではない相手と付き合っていかなければならないケースも多いですよね。そうした時に、次にお話する会話の公式を活用いただきたいのです。どの人からも好かれる必要はありません。“とりあえず”

その場がうまく回るとよいだけの話です。

私の知人で日常的な会話は普通にできるのに、いざ内面に触れる会話になると黙ってしまう男性がいます。メールでもそうです。そうなると相手はどう思うかというと「なぜお返事をくれないのだろう？」「私を無視した？」「僕を嫌いなのか？」と、気持ちに「？」マークばかりがついて関係性は悪くなります。確かに他者に気持ちを伝えることは勇気がいります。相手にどう思われるのか考えるとこわいし、言った後の相手の反応も気になります。でも伝えずにいると、それがくせになり自他ともに“そういう性格”だと思ってしまいます。

「この性格のせいで友達とうまくいかない」と、彼は思うのですが、それはコミュニケーションをスキルとしてとらえていないだけの話です。人生のどこかで基本的なスキルを身につけておけば最低限の人間関係は損なわずに済みます。こうして彼は毎週１回コミュニケーショントレーニングを受けに来てくださって不幸ぐせから脱していきました。

それでは**「神田式・会話の公式」**とは何でしょう？
それは次の２つです。

相手の話をまとめてフィードバックする
相手に質問をする

会話はよくキャッチボールに例えられます。向こうからどんなボールが飛んできたとしても、まずはがっちり受け止めましょう。それを**「受容」**と呼びます。受容とは、あなたと私は考え方が違う、でもあなたはあなたの経験、価値観、立場でそう思うのですね、と**相手を否定しないこと**を指します。言い換えると「違っていていい」ということです。それをスキルに置き換えると前頁の**「まとめてフィードバック」**になります。

相手がどんな内容を言ったとしても、それはその方に起こった出来事であり、そこから何を感じるかという内的世界はその人自身のものです。ですから、「そうなのですね、あなたとしては○○ということが起こったことで、●●だと感じられたのですね。よくお話してくれました、ひとりで悶々とされたことでしょう」とねぎらいつつ、あなたの状況がこういうことになっているのだと鏡にするのです。

言葉というのは物理的にそこに存在しません。ですから話している本人は自分が何をどう告げたのかをよくわかっていません。それを聞き手が鏡となってフィードバックをすることで、あらためてその人は自分に何が起こったのかを知り、さらに心が整理されていきます。

この場合、「よくお話してくれました、ひとりで悶々とされたことでしょう」「おつらかったでしょう」などと話し手の気持ちに寄り添うことを「共感的理解」と呼んでいます。元来その人の体験はその人自身のものですので、他者がわかろうとしてもわかるはずなどないのです。だから簡単に「わかります」という相づちを使ってはいけません。わからないからこそ、わかろうと想像力をたくましくして相手に起こった出来事を分かち合おうとして欲しいのです。人は事実だけをフィードバックされるよりも、その時の感情を理解してくれた人に心を許します。

皆さんはボールが来たら、すぐに返そうと思ってしまいませんか？ それはアドバイスであり、あなたの体験から得たことはあなたにしか通用しません。それを相手にも勧めるのは時に傲慢なことなのかもしれないのです。何か言ってあげよう、役立ててもらおうと思って言ったとしても逆効果になることがあり、頭ではわかっていてもできないから落ち込んでいるのに……と余計に話し手を苦しめることにもなりかねません。それよりも「あなたの味方だよ」という姿勢で、「うん、うん」と聞いてくれるほうがまだ心は楽になるのです。

そして、キャッチボールは受け取っただけではボールのやりとりは止まってしまいます。次に２つ目のスキルに**「質問する」**があります。

まず相手の気持ちに寄り添って受け止めた後、ではどうしてそうなったのか、その時に何を感じたのか、そのことが起こってみて、どんな状況になることが考えられるのか？ というふうに具体的に聞いていきます。もちろん続けざまに聞いてしまってはどこかの尋問のようになってしまいますからご注意くださいね。この時に使う「具体的に」という言葉をマジックワードと名づけました。「具体的にそれはどうなりましたか？」と尋ねられると、起こった出来事や感情を抽象的に答えるわけにいきません。よりリアルな内容を聞き出すことができます。

でも質問をしてくださいと言うと、きまって「言葉が出てこなくなります……、何を質問してよいのかわからなくて黙ってしまいます」と言う方がいます。そういう方には「それはあなたが相手に興味を持っていないからです」と申します。というのは、質問をしなければ……と思ってしまうと、そのことにとらわれて何を尋ねたいのかわからない、頭が真っ白になるという人が多いのです。

私は 25 年間カウンセリングをしてきましたが、クライエントの悩みの種のようなものは、すべて私自身の中にもあるのを感じます。ただたまたま身近に相談できる人がいた、または誰もいなかったからその種が育たなかっただけかもしれない、環境・境遇的に悩みとなる条件がそろっていなかったからトラブルが存在しなかっただけの話であり、同じような条件が整ったなら似たような問題が私を襲っていたでしょう。相手をもっと人間として尊敬・尊重することです。目の前のこの方はどういう人生を歩んできたからこのようなことになっているのだろう……、自分で何とかできそうな人なのにどんな要素が不足していたから解決へと結びつかなかったのだろう……、この人にとって人生とは何だろう……、とある意味、学ぶ姿勢で聞いていくと話し手という、ひとりの人物が素敵に思えてきます。生きることに必死で一生懸命だった現在までのその人をまるごと包み込むようにいとおしさとおおらかさで話を聞こうとしてください。そうすると質問は次々と出てくるはずです。

では、次の練習問題にトライしてみましょう。

皆さんの経験で答えるのではなく**神田式会話の公式を使って、①まとめてフィードバックと、②質問を、セリフのように記入してみてください**。終わったら解答と見比べて自分の話し方・聞き方にはどんな特徴があるのかを客観的に分析してみましょう。

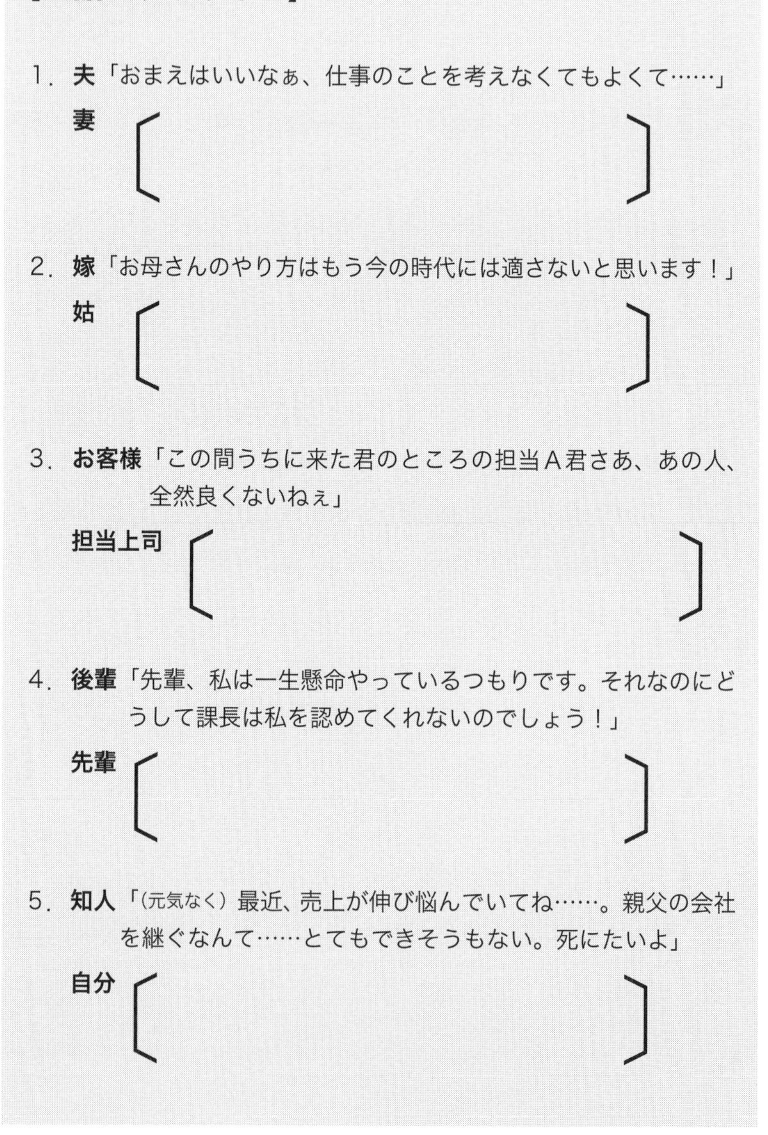

【会話エクササイズ】

1．**夫**「おまえはいいなぁ、仕事のことを考えなくてもよくて……」

妻〔　　　　　　　　　　　　　　　　〕

2．**嫁**「お母さんのやり方はもう今の時代には適さないと思います！」

姑〔　　　　　　　　　　　　　　　　〕

3．**お客様**「この間うちに来た君のところの担当Ａ君さあ、あの人、全然良くないねぇ」

担当上司〔　　　　　　　　　　　　　　　　〕

4．**後輩**「先輩、私は一生懸命やっているつもりです。それなのにどうして課長は私を認めてくれないのでしょう！」

先輩〔　　　　　　　　　　　　　　　　〕

5．**知人**「（元気なく）最近、売上が伸び悩んでいてね……。親父の会社を継ぐなんて……とてもできそうもない。死にたいよ」

自分〔　　　　　　　　　　　　　　　　〕

6．**姑**「（イライラした調子で）別に私のことまで気を遣わなくていいって。自分のことくらい自分でできるんだから。余計なことはしないでいいわよ！」

嫁

7．**上司**「○○さん、そんな対応では部下は育たない。いったい何を考えているのだね？」

部下

最初は公式にきっちり当てはめて練習しましょう。解答の冒頭にまず「あなたのおっしゃりたいことは、○○ということですね？」と、まじめにそのとおりにフィードバックをするよう記入します。２回目にやる時は、いつものあなたの話し言葉のように自然に聞こえる感じにアレンジをしてみましょう。

さて、それでは解答例です。皆さんのオリジナルの会話がいけないと言っているのではありません。それが通用する関係性の相手なら問題はありません。でも苦手意識のある相手や言葉に気をつけたい相手については、この公式で会話してみることをお勧めします。

【会話エクササイズ　解答例】

1．**夫**　「おまえはいいなぁ、仕事のことを考えなくてもよくて……」

妻　「そう……。そう見えるのかぁ。でも珍しいわね、あなたがそういうふうに言うの。あなたのほうはどう？ 仕事で……何かあったの？ よかったら話を聞くけれど」

2．**嫁**　「お母さんのやり方はもう今の時代には適さないと思います！」

姑　「○○さんとしては私のやり方はいまひとつ……と感じるのねぇ。では、あなたはどんなふうにするとよいと思っているの？」

3．**お客様**「この間うちに来た君のところの担当Ａ君さあ、全然良くないねぇ」

担当上司「うわぁ、そうですか……、私どものＡが何かお気に障ることをしたのですね。大変申し訳ございませんでした。具体的にどういうところがお気に召さなかったのか、よろしければ教えていただけませんでしょうか？」

4. **後輩**　「先輩、私は一生懸命やっているつもりです。それなのにどうして課長は私を認めてくれないのでしょう！」

先輩　「そうだね、○○さんとしては一生懸命やっているよね。ただ課長に認めてもらえていないように感じているのか……。そうだとつらいよね。では具体的にどういうことを認めてもらいたいと思っているんだい？」（その“認めてもらいたいこと”をあなた自身がほめてあげると後輩の気持ちは少し落ち着く）

5. **知人**　「（元気なく）最近、売上が伸び悩んでいてね……。親父の会社を継ぐなんて……とてもできそうもない。死にたいよ」

自分　「そうか、売上のこともあって経営が難しいと感じて……、生きていたくないと思ってしまうほどつらい状況が続いているのだね。大変な時代だよね。よければ……どういうところが大変なのか、具体的にもう少し話してみてくれないか？」

6. **姑**　「（イライラした調子で）別に私のことまで気を遣わなくていいって。自分のことくらい自分でできるんだから。余計なことはしないでいいわよ！」

嫁　「あ……、そうですよね、できますよね。ただお母さんの様子を拝見していると、何だかしんどそうで……。私にできることは何かありませんか？」（それでも「ない！」と言われたなら「じゃあ、後でもよいので、何かあればお声をかけてください」と続く）

7. **上司**　「○○さん、そんな対応では部下は育たない。いったい何を考えているのだね？」

部下　「○長は私の部下育成について、ここまでご心配くださっているのですね。ありがとうございます！　それでは、私の接し方をご覧になっていて、具体的にどういうふうにしたらよいとお感じになったのでしょうか？　ご意見を頂戴できればありがたいのですが……」

言葉って、使い方ひとつでいくらでも相手との関係性を変えることができるのです。この会話エクササイズとともに、不幸ぐせのある方にはポジティブな言葉を用いて欲しいです。口で言い慣れることが大切です。次の問題もやってみてくださいね。

【ポジティブチェンジのエクササイズ】

下記にある35単語は、すべて言われると嫌な気持ちになる言葉であり、**「否定語」**と呼ばれています。これらの意味を変えずに、言われてうれしい**「肯定語」**にチェンジして下さい。

	【否定語】	➡	【肯定語】
1.	細かい	➡	
2.	きつい	➡	
3.	うるさい	➡	
4.	すぐ後悔する	➡	
5.	おせっかい焼き	➡	
6.	目立ちたがり屋	➡	
7.	ルーズ	➡	
8.	気が弱い、小さい	➡	
9.	しつこい	➡	
10.	薄情	➡	
11.	グズ、ノロマ	➡	
12.	引っ込み思案	➡	
13.	理屈っぽい	➡	
14.	横柄だ	➡	
15.	図々しい	➡	
16.	飽きっぽい	➡	
17.	自主性がない	➡	
18.	頑固	➡	

19.	八方美人	➡
20.	派手	➡
21.	浪費家	➡
22.	優柔不断	➡
23.	怠け者	➡
24.	粘りがない	➡
25.	こだわる	➡
26.	毒舌家	➡
27.	偏屈	➡
28.	怒りっぽい	➡
29.	自信なげ	➡
30.	落ち着きがない	➡
31.	おしゃべり	➡
32.	ケチ	➡
33.	冷淡	➡
34.	調子よい	➡
35.	黙る	➡

さて、いくつ言葉を変換できましたか？ 答え方に性格が出ます。それはどんなこと？ 解説していきましょう！

▶ 上からきっちり順番にやった人（順番どおりにやってくださいとは言っていません）、上からきっちりやっていたのに変換できない言葉があると、それ以上進めなくなってしまった人

➡良く言えばまじめ・几帳面。でも、少々要領が悪くてストレスを自分で抱え込んでしまうタイプかもしれません。また、仕事においても急な壁（障害）に弱くて、前に進めなくなってしまったという経験がありませんか？

▶ 途中飛ばしながら、わかるところから記入した人

➡あなたは物事を柔軟にとらえることができる人ですね。きっちり順番どおりにやらないからといって「いいかげん」というわけではなく、「よい加減」（手加減ができる人）と言えます。

▶ 1つ2つしか変換できなかった人（心配しないでください、意外と多いです）

➡否定的な言葉で育てられてきた（否定語に慣れているためそのまま受け入れてしまう）。
➡自分が日常的に否定語を使っている。
➡あれこれ考える、こだわりが強い。

▷例えば、「気が弱い、小さい＝やさしい、細やか、思いやりがある、繊細」と変換したとしても、本当にそれが解答？ と考え込む。“気が小さい”と“繊細”とでは微妙に違うのではないかと、細かいことで深く悩んでしまう。

次に、自分の短所と思われる言葉を表すナンバーに○をつけてみましょう。その意味は……？

▶ **自分自身の短所だと思った言葉のうち、肯定語を書くことができた場合**

➡**その短所を受け入れている。短所も長所にできると前向きにとらえている。**

▶ **自分自身の短所だと思った言葉のうち、肯定語を書くことができなかった場合**

➡**心の中で何かが抑圧されていて、変換することができない。**

▷ **以前その言葉を言われて嫌な思いをしたなど、自分の中の未解決問題がありませんか？**

例えば「飽きっぽい」を短所として選び、結果、肯定語を書けなかった方はいらっしゃいますか？「飽きっぽい」は「好奇心旺盛」や「多趣味」ととらえることも可能です。それなのにどうして自分では否定的に「飽きっぽい」性格と思い込んでいるのでしょう？ 例えば、ヨガ、お料理、パソコン、英会話など次々といろんなお稽古事に挑戦している人があなたの周囲にいたら「飽きっぽい」人と決めつけることができますか？

何があなたに「飽きっぽい」ということが自分の短所であると思わせているのでしょうか？ 例えば、小さい頃おもちゃをとっかえひっかえ遊んでいて、お母さんに「あなたってほんとに飽きっぽい子ね」とよく怒られていた、なんて経験はないでしょうか？ 自分では色んなもので遊ぶことが楽しくて、そうしていたのに大好きなお母さんに否定された。そうすると、傷ついたあなたはそのことをネガティブにとらえるようになったのかもしれません。

同様に他の言葉も過去の体験からそう思い込んでいるだけかもしれません。それが本当に短所かどうか見直してみましょう。短所を裏返すことができれば、それがあなたの長所になります。

つまり……
短所と同じ数だけ長所があるのです。

▶ 短所だと思っていないのに肯定語が出てこない単語について

➡シャドウ。その否定語のような自分にはなりたくない、またはその肯定語のような人間になりたいとひそかに思っているのでは？ また、もう一度、頭の中でその言葉を繰り返してみてください。それはふだんから、この人は苦手、イヤだなあと思っているタイプの人を表す言葉ですか？ その言葉を肯定語に変換することができれば、その人の見方も変わってくるのではないでしょうか？

【心理学の豆知識】

シャドウとは？

「人」という文字は、長さの違う2つの線が、互いに支え合ってできています。心理学の世界では、長いほうが「周りから見られている自分」、短いほうが「そうなりたいのになれない自分、ああはなりたくない自分」すなわちシャドウと言われています。

例えば現在40歳で、自他ともに認める明るく元気な女性、Zさんがいたとします。でも、彼女のなかに暗い部分はないのでしょうか？ たとえいつも明るく元気に振る舞っていても、暗い部分がないなんて人はいません。なくなったのではなく、心の奥底に追いやられているだけなのです。
例えば、小さい頃、ちょっと体調が悪くおとなしくしていた時「いつまでも暗い顔して！」とお母さんに怒られたことがなかったでしょうか。暗い顔を周りの大人に否定され、そのような感情・表現を出すことはいけない、自分の中にそういう暗さは存在しないと考え、シャドウとして心の奥底に追いやってしまったのです。
もうひとつ例を挙げてみましょう。

「上から目線の人ってイヤよね……」という言葉をよく耳にしたことがあるのではないでしょうか？ もしかしたら、よく使っているという方もいるかもしれませんね。でも実際、あなたは相手に偉そうに言ったことが、まったくなかったと言いきれますか？ たまに年齢や立場が下と感じる人に、強い口調で話したことがあるかもしれません。でも皆さんは「人間は平等」「謙虚に」と教え込まれて育つと、それに反することをしている自分が、まるで居ないかのように振る舞います。そのため、自分のなかにある“あの人のほうが下”という思いをシャドウとして心の奥底に追いやっているのです。

【ポジティブチェンジのエクササイズ　解答例】

1．細かい …………気配りができる / 緻密 / 計画性がある / 几帳面
2．きつい …………ハッキリ言える / 裏表がない
3．うるさい ………明るい / にぎやか / ムードメーカー
4．すぐ後悔する ……反省できる / 自分を振り返ることができる
5．おせっかい焼き …面倒見がよい / 包容力がある / 思いやりがある
6．目立ちたがり屋 …存在感がある / 積極的
7．ルーズ …………こだわらない / 自然のまま
8．気が弱い、小さい・やさしい / 細やか / 思いやりがある / 繊細
9．しつこい ………ポリシーがある / 諦めない / 粘り強い
10．薄情……………冷静 / キッパリしている / 捨てる勇気がある
11．グズ、ノロマ……マイペース / おっとり
12．引っ込み思案……謙虚 / 周囲を立てる / しとやか
13．理屈っぽい………理論派 / 系統立てて考える人
14．横柄だ…………リーダーシップがある / 指示できる人 / 頼りがいがある人
15．図々しい………積極的 / ものおじしない
16．飽きっぽい………多趣味 / 好奇心旺盛

17. 自主性がない……協調性がある / 時期を待っている
18. 頑固……………一途 / 熱中する / 貫く意志がある / 意志が強い
19. 八方美人………誰とでも仲良くできる / 協調性がある
20. 派手……………華やか / 着こなしが上手
21. 浪費家…………太っ腹 / ケチケチしていない / 気前がよい
22. 優柔不断………やさしい / 慎重 / 熟考する
23. 怠け者…………大器晩成型 / おおらか / マイペース
24. 粘りがない……切り替えが早い / キッパリしている / 決断力がある
25. こだわる………妥協しない / ポリシーがある / 諦めない
26. 毒舌家…………歯に衣着せない / ハッキリ言える / 熱弁
27. 偏屈……………職人気質 / ポリシーを持っている
28. 怒りっぽい……感受性が豊か / モラルがある / 常識的
29. 自信なげ………謙虚 / 出しゃばらない
30. 落ち着きがない…行動がすばやい / 行動的
31. おしゃべり……話し上手 / ボキャブラリー豊富
32. ケチ……………倹約家 / 節約できる人 / 物を大切にする
33. 冷淡……………クール / 客観的 / 冷静沈着
34. 調子いい………愛想がよい / 誰とでも明るく接する
35. 黙る……………騒がしくない / 余計なことは言わない / 物静かな人

この章で気づいたこと

第6日目

第6の扉「思い込みを外す」

message

どうしたら障害が好機になりうると思いますか？

【思い込みを外すワーク】

まずは、表の左に書いてある「言葉」欄について、それぞれの枠に思いつく状況やイメージされる単語を箇条書きでよいので記入してください。制限時間は 10 分です。

イメージ／言葉	性格、心理	家族関係 家庭の状態	将来の予測
結婚間もない 夫の浮気			
母子家庭の 幼稚園児			
単身赴任の 50 歳の会社員			
35 歳の 独身男性			
子どものいない 40 歳代の夫婦			

参考：©1986 日精研心理臨床センター

ワークの解説をする前に、不幸ぐせを持つＦさん（49 歳・主婦）のことをお話しましょう。

Ｆさんは国家公務員の奥さんです。

以前は社宅に住んでいましたが、人間関係を面倒に思い最近家を建てました。息子は大学生なので家を出ていますし、夫は車で３時間のところに単身赴任、ひとり気ままに暮らしていました。そしてこれでもう夫の会社関係に煩わされることはないだろうと思っていましたが、バレーボールの社会人サークルに入部してから出来事が起こります。

というのも、どこにでもいそうな、グループのボス的存在の女性が今回もサークルにいます。強い仲間意識と自分への忠誠を誓わせる雰囲気は、以前社宅にいた奥さんとそっくりです。どうしてこういつも苦手なタイプと知り合うのだろうと自分の不運を情けなく思いました。

ボスがお茶会を開くと決めると、持ち回りで自宅にメンバーを呼び皆さんをもてなすホステス役をしなければなりません。ボスと少し距離を置いて付き合おうとしても、察した彼女は電話をかけてきて様子をさぐりながら長話をします。サークルをやめてもよいのですが、メンバーに息子の友達のお母さんがいるので、また何か噂されるのも気になるわと、結局やめられずに続けています。

いつも表面ばかり取り繕った人間関係しか築けない自分がみじめに思えます。思い返すと小学生の頃からそうでした。友達２人がケンカしてどちらにつくのかと迫られたことがありました。決められずに黙ってただ下を向いていました。そのうち、その２人が仲直りしたと同時に今度はＦさんを仲間外れにしたのです。

「私には自分軸という信念がないです。だからいつも私は揺れています。他人のことばかり気にして……人生、損をしているみたい」Ｆさんはそう言いながら声を上げて泣きました。

Ｆさんのような方を「対人過敏」と呼びます。

他者からどう見られているのかを気にする、誰からも好かれたい、と感じて周囲の人に気を遣います。100%誰からも嫌われない人なんているはずもないのに、そんな自分を許せなくていい子ちゃんの仮面をかぶることになります。自分の人生は自分が主役です。でも「自分が」どうしたいのか？ よりも「世間や他者が」どう評価するのか？ で判断し、行動を選択していきます。そうなるといつか、自分がしたいことと他者からの視点が違った時に葛藤し悶々としたり、決められずに立ち止まるようになりトラブルになるのです。

Ｆさんはご両親から口癖のように「世間さまがどう思うだろう」「おまえはひとりでは何もできないのだから」と言われて育ったことに気づきます。まるでそれが呪文のようだったとつぶやきました。

「では、違う呪文に変えましょうか？」と私が伝えると、

「何という言葉にしたらよいのですか？」

「これからの人生を歩むあなたに声をかけるとすると、どんな言葉がよいですか？」

「そうですね……。（沈黙）『もういいよ、自分で決めても』かな」

「他には？」

「『あなたはどうしたい？』と尋ねたほうがよいですよね？」

「そう質問したいのですね？」

「はい」

これからＦさんは自分で判断し自分で行動、そして自分で感じていく時間を過ごされるのでしょうね。

この扉は「思い込みを外す」ことがテーマです。

さて、ワークの解説に戻りましょう。

全部の枠を皆さんは埋めることができましたか？ できた人は“妄想族”です。つまり、言葉からイメージして次々と連想していくのですから、想像力をたくましくしないとなかなか大変な作業でしょう。もしどこかの枠が空いていたとしたら、深層心理的には、何か抑圧がかかっているので出てこないのでは？ と分析できます。そのテーマについて何か心にひっかかりがあるのかもしれませんね。すべて記入できた方は第５の扉でご説明した他者の心に寄り添う力～共感的理解が十分にできる能力があると言えましょう。
それで、このワークから何がわかるのでしょう。
ここにあなたが書いてくださった答えは、そのテーマへのイメージであること。つまり「新婚間もない夫の浮気」に登場してくる夫についてどんな考えを持ったのか、です。「本当は好きじゃないのに結婚したんじゃない？」「結婚したばかりなのに許せない！」なかには「お金持ちの政略結婚で結ばれたものの、実は結婚前から身分違いの恋人がいてその人と会っている」なんてお答えも。とても豊かな創造性です。
でも、その作られたストーリーはあなたの思い込みなのです。２つ目のテーマにしても、どうして母子家庭の幼稚園児を「かわいそう」と書いたのか？ そこにはあなたの「母子家庭」世帯への一方向的な視点が表現されています。経済的にきついだろう……、母と子だけでは寂しいだろう……、そして将来は親思いの子になる……、なんてどこにも書かれていません。

実は「保育園」となっていないところがポイントです。経済的に厳しいのならお母さんは働かなくては生活ができません。ということは幼稚園ではなく保育園のはずです。でも 14 時には終わって帰ってくる幼稚園児なら、実家のおばあちゃんが迎えに行っているのでしょうか。それならふたりきりではないですね、寂しくないかもしれません。それとも保険金が入ってかえって金銭的にも不自由なく暮らしているためシッターさんがお迎えに行っているのでしょうか。またはお母さんが働かなくても暮らしていける環境があるのかもしれません。ですからあなたが持ったイメージはほんの一方向からの見方にすぎないことに気づかなくてはいけません。

この物事の考え方や視点、受け止め方のことを心理学では「認知」と言います。この認知は360度の方向に開かれています。でも人間は自分サイドの方向からしか見ようとしません。そうして相手や物事を決めつけて見てしまうことを「認知の歪み」と言い、対人関係においては大きな影響を与えます。前出のＦ子さんの場合は自分からの視点という“ものさし”がぼやけているため、他者からの情報がたくさん入ってきて彼女を混乱させます。価値観や判断の“ものさし”がないのも問題ですが、反対に決めつけが強すぎると、相手を固定観念でしか見られなくなり自他ともに息苦しい生き方となるでしょう。

その対人認知について次の５つの歪みを挙げておきます。

【対人認知の５つの歪み】

▶ ステレオタイプ

ある特定のものに対する世の中に浸透した画一的な見方やとらえ方。

例　●●人と言えば堅実節約型が多い、日本人は勤勉でシャイである。血液型がA型だから繊細である。

▶ ハロー（背光）効果

相手のバックボーンによってイメージを変化させてしまう。ひとつの顕著な特徴に引きずられ、その人に対する評価も変わること。

例　Aさんは東大出身で有名な医者の息子であるから、人格的にも優れている。

▶ 初頭効果

第一印象で相手のイメージを決め、その後に入ってきた第一印象に合致しない情報を捨て去るか、イメージに合うよう変えて取り込んでしまう。

例　まじめで努力家という第一印象を抱いたBさんに対して、ある時だらしない一面を見たとしても「仕事で忙しく疲れていただけだろう」と解釈してしまう。

▶ 対比効果

自分の心にある“ものさし”で測って相手を判断してしまう。

例　時間に対して正確に行動したい人が、待ち合わせに相手が少しでも（たった3分でも!?）遅れると「なんてルーズな人間だ」と厳しく評価してしまう。

▶ 寛容効果

自分自身が感じる好き嫌いで相手を判断してしまう。

例　親友であるCさんと、ふだんから苦手意識を持っているDさんが同じ失敗をした場合、Cさんは許せるが、Dさんのことは許すことができずに冷たい態度を取ってしまう。

このような認知の歪みが働くと、せっかくうまくいくはずのコミュニケーションにも障害をもたらします。あなたの抱えているトラブルにはこうした課題がありませんか？

そしてさらに次のような興味深い分類があります。アメリカの産業心理学者、デビッド・メリルの考案した「ソーシャルスタイル理論」では、人間の行動パターンは大きく４つに分かれます。これは「性格など人間の内面など、結局のところわかり得ない。ならば相手の行動様式を観察して苦手な相手の“タイプ”を知る、そしてそのタイプの嫌がることをしないようにすることが大切である。そうすると少なくとも相手に嫌われることはないであろう」という考えを基本としています。

ソーシャルスタイル理論

・まじめそう・顔の表情が乏しい・感情表現を抑える
・落ち着いている・着実・物静か・クール
・うちとけない・柔軟性に欠ける・情緒性に乏しい

感情反応が弱い

自己主張が弱い

・ひかえ目である・ゆっくり慎重に行動する
・じっくり考える・ソフトに話す・決断が遅い・協力的
・相手の話を聞く・質問・依頼志向・リスクを回避する

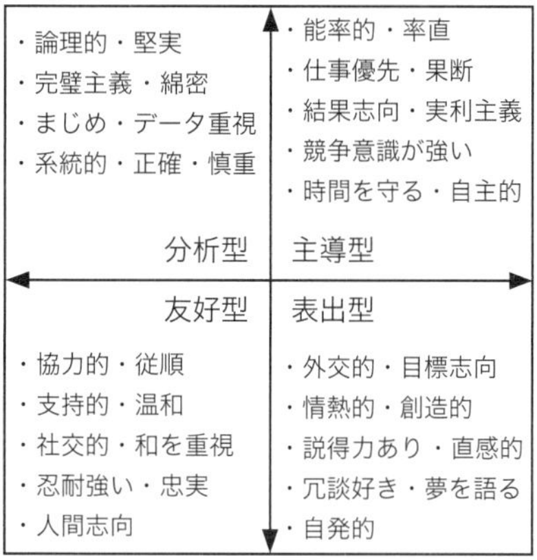

自己主張が強い

・指示命令的・行動が迅速・積極的に意見を述べる
・競争心が強い・大きな声で話す・判断が早い
・自信がある・リスクをおそれない・支配的

分析型	主導型
・論理的・堅実 ・完璧主義・綿密 ・まじめ・データ重視 ・系統的・正確・慎重	・能率的・率直 ・仕事優先・果断 ・結果志向・実利主義 ・競争意識が強い ・時間を守る・自主的
友好型	**表出型**
・協力的・従順 ・支持的・温和 ・社交的・和を重視 ・忍耐強い・忠実 ・人間志向	・外交的・目標志向 ・情熱的・創造的 ・説得力あり・直感的 ・冗談好き・夢を語る ・自発的

感情反応が強い

・温かい感じがする・オープンでフランク・明るい
・ジェスチャーを使う・冗談を言う・情緒性豊か
・感情表現を自由に行なう・表現・表情豊か

なお、表の中でタイプが隣り合っている、または縦に並んでいる場合は自分と相手が似ているところがあるという意味です。一方で対角線上にあるタイプは正反対であり自分にないものを持っている同士ということになります。自分が己の短所と思っている行動を相手がすることで、“苦手”意識を持ってしまったのかもしれません。でも組織（職場や家庭）にとっては補完し合っている関係はとても重要ですし、もしかするとその相手は自分のシャドウ（102 頁）なのかもしれないと思ってみるのもひとつの方法です。「苦手な相手は自分にメッセージをくれている」という言葉のとおり、あなたが何を乗り越えるべきなのかを示唆しているのかもしれません。

あ、そうそう！ Ｆさんですが、自分のものさしを作りつつあります。人生観、結婚観や仕事観を見直しながら、周囲とどう折り合いをつけて付き合っていくのか、夫との老後をどう過ごしたいのかなんてことも楽しそうに計画されるようになりました。

この章で気づいたこと

第7の扉
「あなたの価値観」

message

私にとって重要なのは
旅そのもの、目指す目的地、どちらでしょうか?

第７の扉は**「あなたの価値観」**について考えてみましょう。

それは主にご両親に育てられてきた歴史、そして小中高校時代を中心に学生生活の中で培ってきた役割、そして大人になってからの出来事や経験からくるもの、などさまざまな要素（成育歴）によって成り立っています。

ここでちょっと、人間の発達についてお勉強しましょう。

【エリク・H・エリクソンの心理社会的発達段階】

エリクソンは、個体の発達は常に個体を取り巻く環境との相互作用の中で起こるものとして、心理面・社会的側面の発達を強調しています。また、人間は生まれてから死ぬまで生涯にわたって発達すると考え、その一生のプロセスをライフサイクル（人生周期）と呼んでいます。人間の一生は８つの発達段階に分けられ、各段階には固有の発達課題があります。この発達課題は、解決の成功と失敗の両極端な言葉によって記述されていますが、そこで表される葛藤をエリクソンは「心理・社会的危機（crisis)」と呼びました。また、この解決については「成功か失敗か」というよりも双方のバランスがうまく取れていることが望ましいとしました。

0歳～1歳	乳児前期	……	信頼　VS　不信
1歳～3歳	乳児後期	……	自立性　VS　恥
3歳～6歳	幼児期	………	自主性　VS　罪悪感
6歳～12歳	学童期	………	勤勉性　VS　劣等感
12歳～20歳	青年期	………	同一性　VS　同一性の混乱
20歳～40歳	成人前期	……	親密性　VS　孤独
40歳～60歳	成人後期	……	生成継承性　VS　停滞性
60歳～死まで	老年期	………	統合　VS　絶望

赤ちゃんとして誕生し大人になっていくプロセスにおいて、人間には発達心理学や動物学的な観点からの発達課題が与えられます。

例えば赤ちゃんの時には愛着行動を通して、自分の生きている世界に絶対的な信頼感を持てるのかどうか、母親との関係性が重要となります。さらにそれが幼児期前期になるとトイレトレーニングが始まります。一説にはそのしつけが厳しすぎますと成長過程で強迫的な観念が強くなる傾向や完璧主義になりやすいということが言われています。

そして同性・異性の感覚が芽生える幼児期後期、その後の小学校においては親の庇護から離れて活動範囲が広がり、学校という集団の中で生活していくことになります。その際にいじめに遭わなかったか、転校をした・しない、勉強や習い事、遊びなどを通して高まった生産性への興味・関心はどうか、は大事な要素ですし、その後青年期へと突入していく準備期間となります。

青年期では、心身ともに子どもから大人に移行するアンバランスな思春期を経て、アイデンティティの確立を求めてモラトリアムに揺れる青年期後期を過ごします。多くの学者が発達段階とその課題について研究を進めていますが、社会的キャリアの観点から次の課題もまたそれぞれの年代に与えられています。

▶ キャリア発達課題

20 代：５年先のビジョンを言えること

30 代：自分の強み・弱みを理解していること

40 代：自分の能力の客観視または真価が問われる

50 代：老後の準備と育成

18 歳～ 24 歳くらいまでには社会に出て、そこから人生経験を積んで、仮に 60 歳を定年とすると、次のような年代別キャリア発達課題があるのです。

20 代というのは、最初は仕事を覚えるだけで精一杯、叱られるための数年間です。でも少し慣れてくると仕事への批判や問題意識も生まれてきて“生意気”になります。そこでその油断からミスをして落ち込んだり、異動によりまた0から新しいことを学ばなくてはいけないという機会を与えられます。そんな社会的経験の中で５年先自分はどうなっていたいのだろう？ と目をキラキラさせて語ることができるというのが若さに与えられた発達課題です。

現代の 20 代は日本の経済的歴史から言うと「夢を見られない世代」と言われています。それはものごころついた時にはバブルがはじけていて、そこからリーマンショックに向かって一度も経済が潤っていないからです。周囲の大人たちがため息とやる気のなさを見せていくなかで、いくら「将来に夢を持て！」と言われても持てるわけなどないのです。ですからどちらかと言うと自分自身の夢というよりも社会的活動、例えば NPO を設立したり環境問題に取り組んだりされる方も多いようです。ということは、若者が夢を見るためには 30 代、40 代あたりが会社の愚痴を言っている場合ではなく、もっといきいきとして働き、豊かな人生や仕事への抱負を語らなくては彼らの視野が広がらないことになります。

では、そういったお手本にならないといけない立場にいる 30 代のキャリア発達課題は何でしょう。

それは「自分の強み・弱みを理解していること」にはさまざまな挑戦と成功、そして失敗や挫折をした体験が必要であるということです。チャレンジして失敗した経験がないと、自分の弱みがわかるはずがありません。同様にそれに再チャレンジして初めて達成感も得られます。ですからまだ社会的に若いという言葉である程度の失敗が許される 30 代のうちに、多くの挑戦と失敗経験をしておかなくてはいけないのです。
　しかし現代の社会では、企業が消費者やクレーマーと呼ばれる人たちの目に敏感であり、資金にも余裕がない理由からか30代に失敗させない現状があります。多くの管理職が、そこまでチェックをするのかというくらい慎重で保守的な育成がなされています。大事なことは、ここまでは失敗も大丈夫という業務上のエリアを決め、予防線を引くなかで失敗と挑戦をこわがらせない育成をすることです。

　そして40歳という年齢は人生の折り返し地点です。
　一度立ち止まり過去の棚卸しをするところに来ました。それは社会に出てから今までの仕事のやり方や対人関係のあり方を振り返り見直す、そしてさらに今後の20年間をどう過ごすかという計画を立てることです。そこで方向転換をすると決めた人には、環境や人間関係の変化が起こることもあるでしょう。思い悩む出来事かもしれません。その年齢的誤差は人により5歳前後と言われているので、35歳から45歳くらいまでの間に人生を考えさせられる出来事が起こるのかもしれないのです。それでも新たな発見とこれからの人生を見つめる機会を持つほうが、よりよい生き方ができるように思います。
　さて、そうやって乗り越えた40代はもう中途半端ができません。今までと同じやり方をしていてもなぜか通用しなくなります。それは周囲が30代よりもより高度な知識や技術を期待するからです。社会の働き手の中心は40代です。だとすると今までの経験からわかった自分自身の弱みを、40代では克服しなくてはいけないということなのです。

ここで言う克服については、自分自身の努力によりなされる場合と、ネットワークを広げて他者の力を借りることで補っていくケースがあります。どちらにしても真価が問われる年代ですので、今までのキャリアにあぐらをかいていると取り残されることになるでしょう。ご自身の能力を客観視して井の中の蛙にならないようお気をつけくださいね。

そして50代はというと（私もそうですが）、まずは老後の準備から始めましょう。60歳というひとつのゴールテープが見えるようになりました。53歳の人であと7年、56歳の方はあと4年、カウントダウンが始まります。だとすると、定年を過ぎた後自分が何をどうやって生きていくのか、不安なことはないのかを確認して計画を立てることになります。一方で自分のことばかり考える年代でもありません。もうひとつのキャリア発達課題、育成が残っています。それは直接的に部下を指導するのが30、40代の役割だとすると、50代のそれは自分がこの世、この会社にいた証しを形として残していっているか、そのことを自分の心に確認することです。あなたの仕事への情熱やスキルを受け継ぐ人間は育っているのでしょうか、何十年とやってきた仕事のスキルはマニュアルとして残っているでしょうか、具体的な成果として次世代に残してから新たな自分の人生を歩きたいものです。

さて、読んでくださっている皆さんはおいくつでしょうか？でもきっと、それぞれの発達課題を持ちながら、人生を過ごしているのでしょうね。

次のワークをやって自分が今、どんな価値観で生きていたいのかを見つめてみてください。

【あなたが価値を感じる言葉】

価値のリスト（以下の言葉群）から10個、これこそが自分の価値と思う言葉に○をつけます。似たような言葉もあると思いますが、より目に飛び込むもの、より引きつけられるものを選んでください。次に、選んだ10個を3個に絞ります。今度は多少時間をかけてもよいですから、ベスト3を選んでみてください。

奉仕する / 大胆な行為 / 精神性を高める / スリルを味わう / 賭けをする / 探求する / 興奮する / 驚く / ドキドキする / 手に汗握る / 美しい / エレガントな / 優美な / 魅力的である / 愛らしい / 洗練されている / 輝いている / 荘厳な / 風流な / 繊細な / 華麗な / 流れるような / きれいな / 衝撃を与える / 影響を与える / コーチする / 誘発する / 刺激する / 活力を与える / 変化させる / 驚きを与える / 強化する / 与える / 掘り出す / 貢献する / 改善する / 増大させる / 援助する / 円滑にする / 尽力する / 供給する / 手助けする / 役に立つ / 創造する / 設計する / 合成する / 構築する / 想像する / 独創的である / 実験をする / 思いつく / 計画する / 統治する / 冒険する / オリジナリティ / 完璧にする / 組み立てる / 工夫する / 発明する / 発見する / 学ぶ / 見破る / 突き止める / 掘り下げる / 識別する / 区別する / 観察する / 知覚する / じっくり観る / 感じる / 感情を出す / 経験する / よい感じを持つ / 力を共有する / 導く / ガイドする / スイッ

チを入れる / 引き起こす / つながっている / 制御する / 説得する / 奨励する / 習得する / 道筋を立てる / 先頭に立つ / 促す / 方向を示す / 抜きん出る / 支配する / 傑出する / 専門家となる / 卓越している / 熟達する / 首位を取る / トップになる / その分野を極める / 偉大な / 最高な / コミュニティ / 達人になる / 関わる / 親しい / 結びつき / 家族といる / 絆をつくる / 優秀な / 友達になる / 約束を守る / 手を取り合う / 協力する / 一緒にいる / 親密になる / 気づいている / 安定する / 正確な / 完全にする / 神聖な / 身を捧げる / 静寂な / 道をつくる / 宇宙的な / 受け入れている / 教育する / 指導する / 啓発する / 構造をつくる / 情報を与える / 伝える / 引き出す / 教える / 力を貸す / エネルギーを与える / やり遂げる / 打ち勝つ / 達成する / 成し遂げる / 成功する / 到達する / つかむ / 勝つ / アドバイスする / 優勝する / 1番になる / 十二分な情報を持つ / 系統立てる / 論理的な / 合理的な / プランを立てる / 冷静である / 統一感 / 堅実な / 分析する /

▶ あなたにとって価値が感じられる言葉は？

（　　　　　　　　）（　　　　　　　　）（　　　　　　　　）

このベスト３を客観的に、つまり別の誰かが選んだとして分析してみましょう。この３つを選んだ“この人”は何を求めて、どんな人生にしたいと願っているのでしょうか？

最高に満足のいくキャリアのつくり方とは、どんなことでしょうか？ よく「自分に向いている仕事は何だろう？」と迷い続けている人がいますが、今の時点でハッキリわかることなのでしょうか？ まず、やってみる！ そして違っていたら方向転換をすればよいだけの話です。怖がっていることは何ですか？

ただ、それだけだと、転職を繰り返して一生を終える人がいるかもしれません。一方で「楽しい」と思ったら、継続して何年かやってみてください。そのうち飽きがくるでしょう。そうしたら、目の前のことをどちらの方向へ、どうやって発展させるのかを考えましょう。それを繰り返しているうちに、熟練し、気づいたら、その道の専門家と言われているかもしれません。

人生の「今」、あなたは「行動しない」で立ち止まっているほうがよいのか、それともトライするのかどうか、流れのなかで見極めて決断することがまず第一歩です。

【満足するキャリアのつくり方 10 カ条】

①楽しいと思えることを続けてみる！
②組織や仕事が自分に何を与えてくれるかではなく、それらを使ってどう自己実現するのかを考えよう！
③たくさんの人に相談しても、最後に決めるのは自分！
④より専門性をつけるために他の人にないスキルを身につける！
⑤自分の思いを伝えるプレゼンテーション能力を身につける！
⑥トレンドを客観的につかむこと
⑦資料、名刺の整理はマメに！
⑧自分の最終到達点をイメージする！
⑨自分にできないことや限界を知ったら、早めに補充してくれるネットワークを持とう！
⑩自分にふさわしいカウンセラーやコーチを見つけよう！

いかがでしたか？

上位３つを選んだあなたがここにいます。だとするとそう生きていきたいと思うとおりに人生は進んでいますか？ **自分の人生は望むとおりになるものです。ただどこかで「できない理由」を見つけてしまうと違う方向へ行ってしまうのでしょう。** あなたは自分に言い訳を続けますか？ それともどうすると実現できるかという手段を考えますか？

Ｇさん（会社員 39 歳・女性）がピックアップした言葉は（エレガントな）（オリジナリティ）（達成する）でした。

初めてお会いした時の印象は、おとなしめで地味ですがしっかり事務仕事をやってくれそうなＯＬ風という感じでした。お話を聞いていくと「今まで私は何もチャレンジしてこなかったのです。無難な道を選んできましたが、もう少しで 40 歳になるかと思うと人生でやり残したことがあるような気がして……」とおっしゃいます。

カウンセリングを進めていくうちご本人が決めたのはミス○○コンテストに応募してみる！ というものでした。20 代ばかりを対象にしたミスコンではなく、アラフォー（40 歳前後）世代の方々が、内外面両方の美を競うコンテストでした。筆記試験で一般常識を問われます。さらに面接では表現力や会話についても評価されます。見事そのコンテストで２位に入賞しました。Gさんがこれからモデルとしてやっていこうと思っているわけではありません。でも自分の人生を変えるひとつのきっかけとしてチャレンジされたのです。

今回のことで以前よりも自信を持つことができるようになったと言います。来年、海外留学を計画中です。そうして日本語教師として海外で生活するという目標を立てました。見守ってあげたいと思います、彼女も不幸ぐせから抜け出して前に進んだ女性でした。

この章で気づいたこと

第8の扉
「人間関係」

POINTS OF YOU™

message

私はリーダーでしょうか？
私はリーダーシップを前面に出せるのでしょうか？

【あなたの人間関係を分ける境界線】

あなたには今どのくらいの友人･知人がいますか？ どこまでがお友達でどこからが知人となるでしょうね。どこまでが好きでどこからが嫌いでしょう？ そこを探ってふだん何気なく使っている「人脈」についての、人脈マップのワークに取り組みましょう。

次の座標軸は、横軸が好き・苦手の尺度、縦軸が役立つ・役立たないという尺度から成り立っています。そのどこかのエリアにあなたの身近な人を点「・」で書き込んでください。横に小さくイニシャルを記しておけば後になっても忘れません。さあ、何人の人が登場しますでしょうか、始めてみましょう。

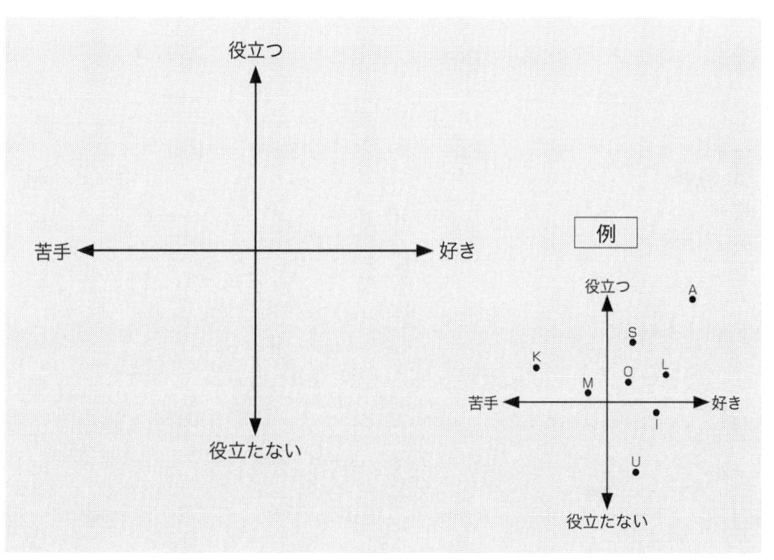

皆さんはたくさん「・」を書き込みましたか？ 多ければよいというものでもないと思いますが、なかには「僕って友達が少ないのかなぁ」とつぶやく人もいます。でも確かにあまりに少なすぎますと、他人に心を許していないのかな？ 人に頼るのが苦手なのかな？ と心配になります。

枠が４つあるうち、どこかに「・」がまとまってついていますか？ それが向かって右上の「好き・役に立つ」エリアだとすると、ふだんから協力してもらえる人が周りにいらっしゃるのでしょう、感謝の気持ちが感じられますね。ただなかには好きな人としかビジネスをしないという、狭いネットワークの状態になっている方もいらっしゃるかもしれませんので、そこは確認してください。

右下に集まっている場合はどうでしょう。「好き・役立たない」のエリアですから、もしかすると楽しい時間を共有してはいてもビジネスにはなっていないのかもしれません。そうなるとただのお人好しで終わっていないかと心配になります。またはビジネスはその場だけ、それ以外は好きな人とだけ楽しみたいという思いを表しているのかもしれません。

左上の「苦手・役立つ」に書いた人物がいる場合は、好き嫌いで仕事や生活をするのではなく、苦手と思える相手であっても自ら積極的に接していこうとしていると言えるでしょう。

最後に左下ですが、ここは重要です。「苦手･役立たない」人であるなら切り離したってよいのに、なぜあなたはここにこの方を書いたのでしょうか。名前を書くということは気持ちから切り離せずにいるあなたがいるということです。「だって物理的に目の前に嫌な上司がいるのです、どうしようもない」とおっしゃる方もいるでしょう。でもそれはそれでビジネスですから。

例えばボスマネジメントの考え方をしてもよいのです。ボスマネジメントとは、「どんな上司であってもボスというだけである程度の権力を持っているはずである。自分が会社で何を実現したいのかがしっかりしていれば、どんなボスが来たとしても、そのために活用できるものを上司は持っているはずだ」という考えのことです。

利用価値がある！ と思ってやり方を変えるとよいのに、あの人は嫌だと思うとその感情に振り回されてコミュニケーションが取れなくなっていないでしょうか。職場に好き・嫌いを持ち込んではいけません。ビジネスではないにしても、もうその人と合わないのは確かなのでしょう？ それなら別の世界の人と割り切って表面だけお付き合いをしてもよいのかもしれません。いえ、付き合わなくてもよいのです、それが親戚や家族だとしても。その人を、またはその人がもとで失ってしまったものについてこだわっているのはあなた自身です。

また、興味深いのは線引きです。役立つ・役立たないは何を基準に分けましたか？ 私は「仕事に」役立つ･役立たないという条件をつけていません。あなたがご自身で選んで書いた「人生において役立つ人」って、あなたに何をどうしてくれる人ですか？ それは仕事？ それはお金？ あなたが今大事にしたいものがそこに表れています。

今後の課題として、どこの枠にもっと人を配置したいと思いますか？ これはあなたへの宿題です。

さて、私は、「人間はひとりで生まれてひとりで死んでいく、でもひとりでは生きていけない」という言葉が好きです。瀬戸内寂聴さんが言ったとか言わなかったとか、大好きな作家である彼女に大いなる影響を受けた私の母が、人生論を私に説いた時に用いた言葉です。

人生を会社経営に例えるなら､「ひと」「もの」「かね」「情報」「時間」という「経営の五資源」はここでも非常に大切な要素となります。

そのひとつが「ひと」です。今、あなたにとって気になる存在の人はいますか？ その方との問題をどのようにしたいと思っていますか？

それを次のワークではっきりさせましょう。空いているところにその方の名前を入れて文章を完成させてください。

1. ＿＿＿＿さんが、現在、私に期待していること（こうであって欲しいこと）は＿＿＿＿＿である。３年後には＿＿＿＿が＿＿＿＿＿のように変化することにより、私たちの関係性は＿＿＿＿＿へと変わる。

2. ＿＿＿＿さんが､現在　私に期待していることは＿＿＿＿＿である。３年後には＿＿＿＿＿が＿＿＿＿＿＿のように変化することにより、期待される役割が＿＿＿＿＿に変わる。

3. ＿＿＿＿さんが､現在　私に期待していることは＿＿＿＿＿である。３年後には＿＿＿＿＿が＿＿＿＿＿＿のように変化することにより、期待される役割が＿＿＿＿＿に変わる。

ここでは３人の人を挙げていただきますが、３人でなくてはいけないということではありません。それよりも、たとえひとりであってもキーマンだと思えば、その方とのこれからについてしっかり考えてみるとよいでしょう。

書いてみてどう感じましたか？

時間が経つと関係性も変化していきます。心理学の根底にはいつもこの「無常観」があります。無常観とは、この世の生きとし生けるものすべては変化し続けていくという考え方です。それは肉体や環境のみならず人の心も同様なのです。以前､「10年前の新婚当時は本当にやさしく気配りしてくれたのに、いまでは私が忙しそうにしていてもまったくそしらぬ顔！　どうしてこんなふうに変わってしまったのかしら！」と怒っている女性がいました。でもね、人の心にぜったいなんてものはないですし、変わって当たり前だからこそ、変化していく相手とどう付き合うのかが問われるのです。

そうすると皆さんが現在悩んでいる相手のことも、３年後、５年後……年齢や住んでいる地域、もしかするとお互いの仕事すら変わっているかもしれないとしたら、そこに挙げた名前の方と、どういう関係になっているでしょうか。

不幸ぐせを持つＪさんは今年地方の大学を卒業し就職したばかりの新入社員です。それまで付き合っていた同級生の彼女が東京に就職したため、遠距離恋愛をしています。

頻繁だったメールが最近減っていることを気にしています。というのも、Ｊさんは言葉に敏感なところがあるので、文章であってもその裏にある感情をくみ取ろうとしてしまいます。彼女からのメールはここのところ以前ほど愛情表現がなくなっています。

このままなら彼女は向こうに恋人をつくるに違いない、Ｊさんの不安はつのります。そんな折、今度帰省するはずであった予定を彼女がキャンセルしてきました。戻らずにアルバイトをするからという理由なのですが、お昼も会社員をしているのにさらに……アルバイト?? きっと夜の仕事に違いない、とＪさんの心は嫉妬でいっぱいです。それから３日後、有給休暇を取って東京を訪ねました。

でも彼女には連絡をせず、家の近くのカフェから見張って確かめようとしたわけです。本職の探偵ではないのですぐにばれてしまいました。急に東京に来た彼に驚いた彼女と話しているうち、２か月後にくるＪさんのお誕生日のために資金稼ぎのアルバイトをし、今回の飛行機代金も浮かせようとしていたことがわかりました。事情はわかりましたが、逆に疑われていると感じた彼女が黙ってしまい、しばらくして別れを切り出されてしまいました。

Ｊさんはいつもこうなのです。自分に自信がないために相手を疑って苦しくなり自らを追いつめていきます。

どこかで、人の心は変化して当たり前、だからこそ自分を磨こうというふうに視点を変えると、もう少し楽になるでしょう。どんなにこちらが好きであっても、一度離れた彼女の心は「今は」どうしようもないのです。それよりも、いつか再会した時にまだお互いが気になるようでしたらその時に話し合ってもよいのではないでしょうか。彼女の心が離れてしまって永遠に戻ってこないという考え方が彼をつらくさせています。気持ちがどうなるかなんて誰にもわからないことです。

他にも夫が昔浮気したことを未だに許せなくて、何十年経ってもまだ責めているという方もいます。それだと夫もおつらいでしょうね。一度割れて粉々になった花瓶は、元のきれいな傷ひとつない形には戻りません。でも割れたかけらを集めてボンドでくっつければ、とりあえず水の漏れない花瓶を作ることはできます。一度壊れた信頼関係も同じ……それはたとえ相手を信じられなくても、「信じる努力」を続けていけば、かけらをつなぎ合わせた傷だらけの花瓶はできるはずです。

Ｊさんもまたお互いを理解するための再会があるとよいですね。

さて、それでは最後にあなたの人生における経営の五資源を整理しましょう。

ひと：　ネットワークは多いのか。
何をしてくれる人材がいないのか。または、欲しいのか。

もの：　商品や自分自身、
どこがよくて、どこが短所となっているか。

かね：　何をする資金がいくら必要か。
予算は立てたのか。経費はどうか。

情報：　何についての情報が集まっているのか。
または、足りないのか。捨ててよい情報は何についてか。

時間：　何について、する時間が足りていないのか。
優先順位をつけることができているか。

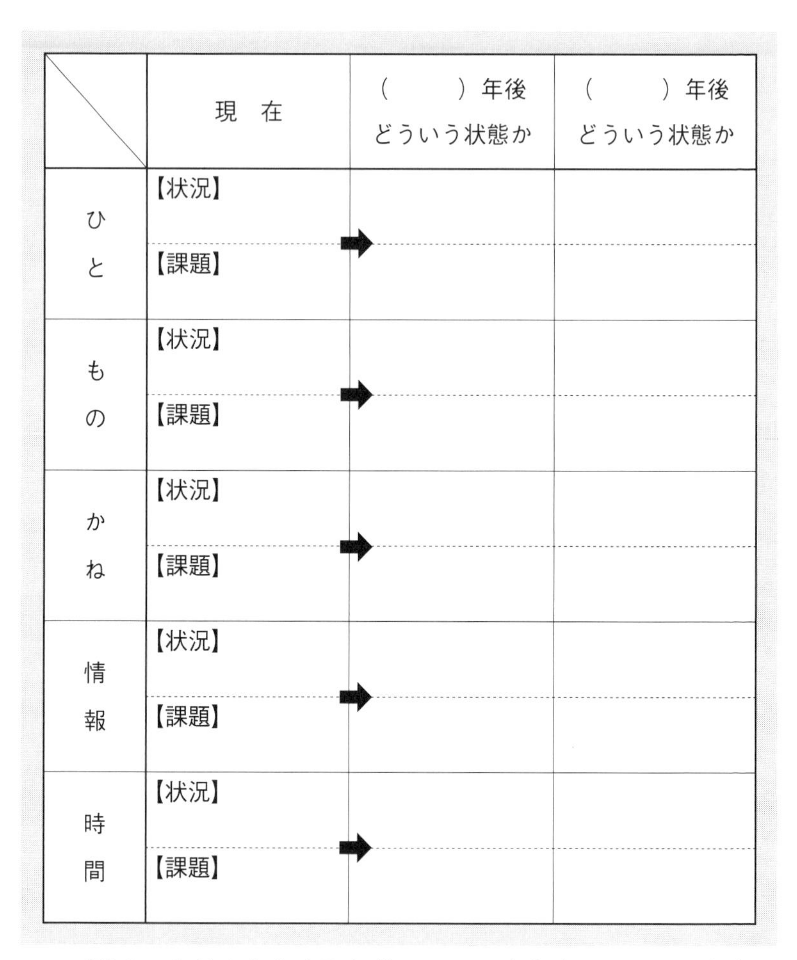

	現　在	（　　）年後 どういう状態か	（　　）年後 どういう状態か
ひと	【状況】		
	【課題】		
もの	【状況】		
	【課題】		
かね	【状況】		
	【課題】		
情報	【状況】		
	【課題】		
時間	【状況】		
	【課題】		

「ひと」とはあなたを取り巻いている人たちについて。あなたが（　　）年後にどうなっていたいと思う時、その時に必要な人材はどんなタイプなのでしょう。または現在どんな状況だからどういう人が周囲に多い、または不足しているのでしょう。具体的に詳しく書いていくほうが実現に近づきます。

「もの」とは商品のことですが、ここではあなた自身を指します。どんな感情の状態にありますか？ 課題はどんなことでしょう？ 長所・短所はどんなところですか？ その内容を書いたら、次に自分は（　　）年後にはどんなふうになっていたいのでしょう。

「かね」は預貯金などの財産についてです。でもただ貯めるのではなくて、何にいくら必要だからそのお金を貯めたいのでしょうか？ 他にも、したいことがあるならそのために（　　）年後にはいくらになっているとよいでしょうか。

「情報」が氾濫しています。名刺交換会やビジネス交流会なども含めてこれからは取捨選択の時代です。どれが今の状況に必要な情報なのかを見極めないといけません。そのためにはしっかりとした信念を持ちましょう。言い換えるなら人生の優先順位を大事にすることです。そしてそのためには量よりも質だと理解し、捨てる勇気を持つことがとても大切です。そうじゃないと情報に惑わされて自分を見失いますよね。

「時間」は有限です。情報のところでも挙げました優先順位に合わせて、いちばん大切なものにたっぷりと時間をかけましょう。今それが難しい場合は、「最優先は○○、優先は○○」という具合に、いざとなったら最優先のことを大事にするけれど、それほどでない場合や日常的には優先すべきことにしっかり着実に取り組むと決めるとよいでしょう。私はかなりの仕事人間に見られていますが、実は最優先は家族です。でも夫に娘を頼んで出張に出ますし、娘をシッターさんや塾に預かってもらうこともしばしば。宿題を見ている時間もつくれないので仕方なく自分でやっているようです。でもそんな家族に感謝をしながら、ふだんは優先させてもらってお仕事を続けてきました。もし彼らの命に関わるような出来事が起こった場合は申し訳ないけれど仕事をキャンセルしてでも駆けつけようと決めています。そう腹をくくってから家族への罪悪感が消え、「ありがとう」の言葉に変わりました。

最近気になるのが、あまりに時間も含めて効率化しようとするあまり、本来努力すべきところをせずに、誰かに任せすぎていないか？ と思う人が増えていることです。楽して手に入れたものはそれだけの価値しかないのです。自力で一生懸命やったことってそれなりの達成感のある人生になるように思います。

この章で気づいたこと

第9日目

第9の扉
「性格をつくる三要素」

message

寛大さと与えることとは
どこが違うのでしょうか？

第９番目の扉を開けると**「性格をつくる三要素」**が見えてきます。

人は出来事が起こった時に、その出来事に対してどんなとらえ方をしているのでしょうか。後ほどワークをしながら見ていきますが、その前にＨさんのお話をしましょう。というのは、子どもさんを持つお母さんにぜひ読んでいただきたいからです。

Ｈさんの娘さんは小さい頃から優秀で、だいたいクラスで１、２番から下がったことのないすばらしい成績です。おとなしい感じではありますがクラス委員も務め、周囲から頼りにされていました。しかし中学受験でどうしたことかまったく実力を発揮できず受験に失敗、まさか彼女が？ と噂されるくらいの滑り止めに受けた中学、それも志望校よりもかなり偏差値が低い学校へ入学することになります。Ｈさんは期待をかけていた分ショックも大きく、うつ病になってしまいました。

しばらくの間、Ｈさんは考え方を変えることができないことに悩みます。「あの塾がよくなかったのでしょうか」「もっと私が勉強を見ていてあげたら」「もうあの子の人生は終わりだわ」という言葉が繰り返し出ます。Ｈさんは自分たち親が高校までしか出ていないことを恥じていました。子どもの調査書を学校に提出するたび、夫も自分も最終学歴の欄に高校卒業と丸をしなければならないのが苦痛で、娘にも申し訳なく思っていました。夫は早くに両親を亡くした後、親戚に引き取られ高校卒業と同時に町工場で働き始めました。無口でまじめだけが取り柄の夫に虚しさを感じながら結婚生活を送ってきたＨさん。彼女もまた現状に満足できない「不幸ぐせ」を抱えていたのです。

Ｈさん自身も大学進学を考えていましたが、タイミング悪く事業をしていた実家が倒産、経済的に苦しくなったため将来を考えて銀行に就職しました。しかしなかなか男性と知り合う機会もなく、40歳近くなってから友人の紹介で知り合った夫と「浮気をしないような感じだから」という理由で結婚を決めます。実際浮気の「う」の字もないくらい単調で静かな生活でしたが、結婚の翌年に産まれた娘を育てる楽しみに目覚めたＨさんは、その教育にのめり込んでいきます。必ずいい大学に入れて、収入に困らない暮らしができるような職業に就かせる！ そう考えたＨさんは、パートから戻るとすぐに娘の勉強を見る生活を続けてきたのです。それなのに……こんな中学・高校で学んだとしてもどうせ進学なんてできっこない……、考えると余計に気持ちがふさぎ込んでいくのでした。

Ｈさんには思考のくせがいくつかあります。

例えば「どうせできっこない」というセリフは、**破局化思考**と呼ばれていて、何かのトラブルが起こった際や新しいことに取り組む前に「きっとうまくいかないだろう」という悲観的な見方をしてしまう思考パターンです。

２つ目は自責の念が強い傾向にあります。出来事の原因は自分にある、自分に非があるからこういうことになったのだと責任を自分で負おうとします。でもこの場合はＨさんの娘さんがもっと違う勉強のやり方をしていれば合格したのかもしれません。親がそこまで責任を取らなくてはいけないのでしょうか。うつ病になりやすい性格のタイプとして挙げられる特徴のひとつでもありますので、「本当に自分のせいなのか？」と客観的に考えてみる必要性があります。

さらに３つ目として取り越し苦労のくせです。過去の取り越し苦労は、起こってしまってもう取り戻すことはできないのにそのことをくよくよと思い煩うこと、現在の取り越し苦労は、今やっていることをまっとうしようとせずに途中で他のことを考えてしまい目の前のことに集中できないでいること、そして未来の取り越し苦労はまだ生じてもいないことについてあれこれ危惧することです。どれも時間の無駄、考えても仕方のないことをずっと思い続けているのです。その結果、寝不足や胃が痛くなるというような心身への影響が出ることになります。非効率的な思考パターンですね。

皆さんは性格とは何だと思いますか？ 性格を変えなさいと言われると自分の今までの人生をすべて否定されたような気持ちになりませんか？ だって、40歳なら40年かけて出来上がってきたのが性格ですよね。よいところとよくないところが両方あってそれが自分であるのに、それを変えろと言われると情けなくなるでしょう。でもその性格のある一部のせいで今トラブルになっている……とすると、私はこう言います。

「性格にはその要素となるものが３つあります。それは**認知**（物事の考え方やとらえ方）・**行動パターン**・**感情の表現のしかた**、です。そのうちのどれが問題で、今トラブルになっていますか？」と。

例えば優柔不断という性格を表す言葉がありますが、何をどうしたから問題なのでしょうか？ ある 50 代の女性は、誰から見ても仕事を決められません。誰かのためになる仕事で起業したいと言ってみたり、いや生活の安定が大事だから準公務員のような職に就くわと周囲を混乱させます。本人は「優柔不断な性格を何とかしたい」と言いますが､50 数年かけて出来上がってきた性格を変えるのには時間がかかりますよね。彼女はしたいことを具体的に絞りきれていないだけです。ですからカウンセリングをしながら「何のために？」を煮詰めていった時、親を安心させたいという気持ちが中心にあることに気づきました。

この「何のために？」という物事の原点に還ることがとても大切です。この目的と呼ばれるものが人間の行動のモチベーションとなります。“そのために”人は考え、行動をするのです。その女性も目的がはっきりしたので、あとはその条件を満たす職業を選ぶことになりました。ですから一見**性格の問題と見えるようでも、実はその三要素を変化させるだけで十分に周りとの関係性や状況を改善することは可能**なのです。

先に挙げたＨさんもこの三要素のうち、認知の歪みが作用していたために起こった問題。そこを改めればうつ病も治っていきますし、娘さんとの関係も変化するのです。

ではワークに移りましょう。

次の状況の時にあなたはどんなことを思いますか？ 口に出す言葉とは別の思いがある場合は、心の中でつぶやいた言葉も書きましょう。

【感じ方のクセをさぐるエクササイズ】

1．道を歩いていたら、知り合いを見つけたので、こちらは笑顔で挨拶したのだが、相手は黙って通り過ぎたら、

私は＿＿＿＿＿＿＿＿＿＿＿＿＿＿＿＿＿＿と思った。

2．何人かで集まって楽しそうに話をしているところに私が参加し、すぐに話題が途絶えてしまうと、

私は＿＿＿＿＿＿＿＿＿＿＿＿＿＿＿＿＿＿と思った。

3．バスの中で騒いでいる子どもを注意しない親を見ると、

私は＿＿＿＿＿＿＿＿＿＿＿＿＿＿＿＿＿＿と思った。

4．隣の課の仕事を手伝っていてミスを犯した。注意されたので、

私は＿＿＿＿＿＿＿＿＿＿＿＿＿＿＿＿＿＿と思った。

5．好意を持っている相手を食事に誘い、その日は忙しいからと断られたら、

私は＿＿＿＿＿＿＿＿＿＿＿＿＿＿＿＿＿＿と思った。

6．80 点が合格ラインという試験に 76 点で落ちたら、

私は＿＿＿＿＿＿＿＿＿＿＿＿＿＿＿＿＿＿＿＿**と思った。**

7．一生懸命がんばって仕上げたプロジェクトの欠点だけを指摘されたら、

私は＿＿＿＿＿＿＿＿＿＿＿＿＿＿＿＿＿＿＿＿**と思った。**

8．重要な取引先へのプレゼンを拒まれたので、

私は＿＿＿＿＿＿＿＿＿＿＿＿＿＿＿＿＿＿＿＿**と思った。**

9．相手の仕事が忙しい時によく手伝ってあげた同僚に、今度は自分が助けを求めて断られたら、

私は＿＿＿＿＿＿＿＿＿＿＿＿＿＿＿＿＿＿＿＿**と思った。**

10．8 年前バーゲン最終処分で購入したコートを着ていると、今年はそういうデザインが流行るのかと聞かれたので、

私は＿＿＿＿＿＿＿＿＿＿＿＿＿＿＿＿＿＿＿＿**と思った。**

では次にそれを分類します。書いた答えを

①外罰
②内罰
③無罰

に分けてそれぞれの番号の前に①〜③のどれかを記載してください。

外罰というのは、ケンカやトラブルがあってストレス状態になった時に相手のせいにすることを言います。**内罰**はそれと反対に自分に責任や非があると思うこと、さらに**無罰**というのは、自分でも相手のせいでもなくて第三者や運などにより起こったとする考えのことを言います。

このワークではさまざまなシチュエーションにおいて、あなたが、誰が責任を負うべきと感じているか、その傾向が表れます。それが仕事の場合や価値観に関する時、人間関係においてなど、それぞれ何の“せい”にしているのかも分析することができます。

例えば5番は同性・異性で異なる結果となるかもしれません。仮に相手が異性だとした場合、一度であっさり脈がないと諦める答えを書いたのか（あっさりしすぎ？ 本当に理由があって断ったのかもしれないのに……)、それともＯＫをもらえるまでしぶとく誘うのか（今の時代ならストーカーって言われてしまうかも……)、というふうにふだんのあなたの態度が出やすいのです。３番はしつけに対して厳しいかどうかが出たり、親はどう子育てをすべきかという判断が表れることもあります。１番と２番を見比べてみますと、これは人間関係への考えがそこにあります。自分が変な格好をしていたからかな、と内罰的に考えるのか、それともどうして無視をするかなぁ、と相手の都合によるものとするのか、あなたの答えはどんな見方を伝えてくれますか？

興味深いのは４、９、７、８番の比較です。仕事では成果よりもやる気を大事にするのか、能力的には自分がそれだけのことをしたからやればできる！ と思っているのか、仕事への責任感と自信がうかがい知れます。

いかがでしたか？

この第９番目の扉では**あなたの思考の方向性からくるくせ**をお話しました。では、そんなくせがあるとわかった以上、今後どうしたらよいのでしょう？ 次の表を宿題として出します。自分の受け止め方を変えたいと思っている人はぜひ試してみてください。これは嫌なことがあったらつけていく記録です。

【ABC理論の実践ノート】

いつ頃	A	B	C	D	E
～歳頃	(Activating event)	(Belief)	(Consequence)	(Dispute)	(Effective new philosophy)
	悩みとなる出来事	不合理な信念	結果	論駁	効果
例 19歳	サークルの仲間が、私の彼を悪く言った	私の彼は、誰からも認められる人じゃないといけない	嫌な気持ちになった ➡	私がいいと思えば、あの人を好きでもいい or 誰からも認められる彼なんていないのだから、ひとりふたりに何か言われても気にしない	(5年後に結婚)自分の人生は結局自分自身が責任を負うもの
			➡		
			➡		
			➡		
			➡		

【論理療法（理性感情行動療法）】

さてここで、前出の「ＡＢＣ理論の実践ノート」を書きやすくするために、「認知」（物事の受け止め方・考え方）を変える方法についてお話します。アルバート・エリスは、アメリカの臨床心理学者で論理療法の創始者でもあります。論理療法の代表的なスキルに、「ＡＢＣ（ＤＥ）理論」があります。

▶「ＡＢＣ（ＤＥ）理論」とは？

A：**activating event**（悩みとなる出来事）

B：**belief**（イラショナルビリーフ＝不合理な信念・思い込み）＝心の中の文章記述

C：**consequence**（結果としての否定的な感情や悩み）

D：**dispute**（論破・反論）

E：**effective new philosophy**（効果的な新しい人生哲学＝合理的な信念）

エリスは、**悩みとなる出来事（A）**が**不快な感情（C）**を直接導くのではなく、その**出来事をどうとらえるか（B）**により感情は左右されると考えました。つまり問題の中心は出来事への歪んだ受け止め方「不合理な信念（irrational belief）」であるとしました。そして、**論争（D）**によって不合理な信念を見直し、**合理的な信念（E）**に作り替えることで、感情のコントロールができると述べたのです。

それでは例を用いて簡単に説明しましょう。

例 夫婦が部屋で一緒にテレビを見ていると……

A 突然、夫が部屋のドアを思いっきり「バタン」と閉めて出ていった。

C 妻は不快に思い腹が立った。

私たちはこのような場合、Aの出来事である“夫が思いっきりドアを閉めた”ことに対して妻が腹を立てたように思いがちですが、実は腹が立ったのは“夫が思いっきりドアを閉めた”からではなく、妻の中に「ドアというものは静かに閉めるべきである」という不合理な信念があるからなのです。

しかし、ドアは必ずしも静かに閉まるものではありません。偶然、部屋の窓が開いている時に風の力によって勢いよくドアが閉まることもあるでしょう。そういう場合、不合理な信念をWishやHopeのような“～だったらよいなあ”“～に越したことはない”などの合理的な思いに変えるとよいのです。つまり、「ドアは静かに閉まるに越したことはないが、たまに大きな音が出てしまうこともある」というように考えることができれば、不快感も和らぐことになります。

ＡＢＣＤＥ理論

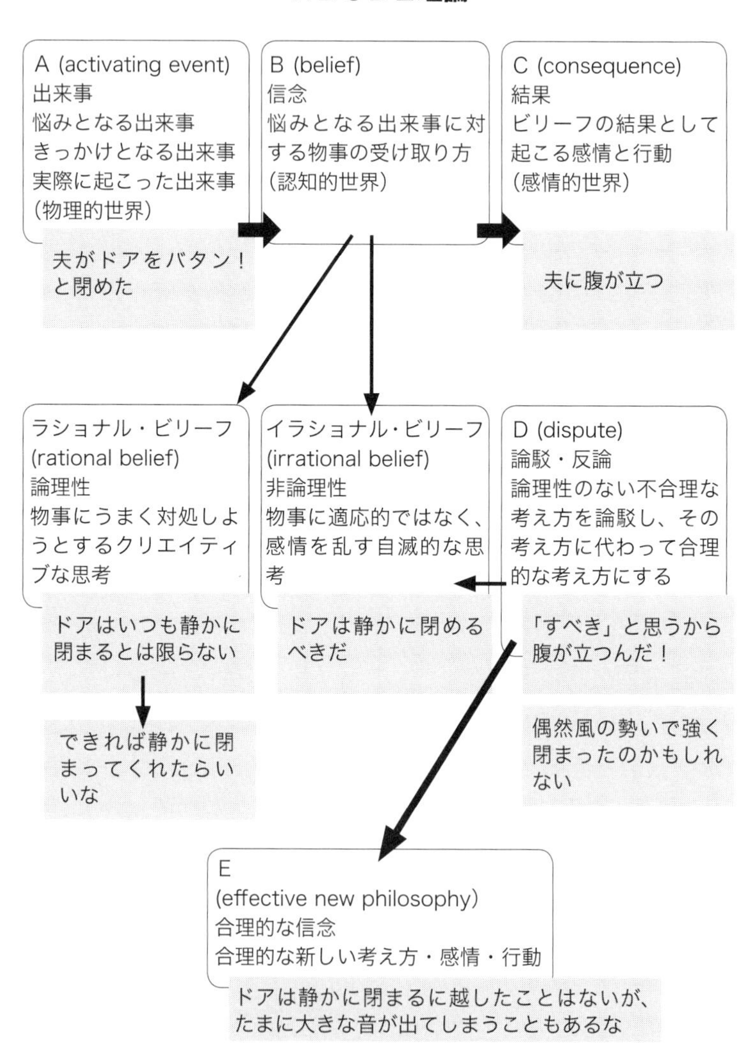
A (activating event)
出来事
悩みとなる出来事
きっかけとなる出来事
実際に起こった出来事
(物理的世界)
夫がドアをバタン！
と閉めた
B (belief)
信念
悩みとなる出来事に対する物事の受け取り方
(認知的世界)
C (consequence)
結果
ビリーフの結果として起こる感情と行動
(感情的世界)
夫に腹が立つ
ラショナル・ビリーフ
(rational belief)
論理性
物事にうまく対処しようとするクリエイティブな思考
ドアはいつも静かに閉まるとは限らない
できれば静かに閉まってくれたらいいな
イラショナル・ビリーフ
(irrational belief)
非論理性
物事に適応的ではなく、感情を乱す自滅的な思考
ドアは静かに閉めるべきだ
D (dispute)
論駁・反論
論理性のない不合理な考え方を論駁し、その考え方に代わって合理的な考え方にする
「すべき」と思うから腹が立つんだ！
偶然風の勢いで強く閉まったのかもしれない
E
(effective new philosophy)
合理的な信念
合理的な新しい考え方・感情・行動
ドアは静かに閉まるに越したことはないが、たまに大きな音が出てしまうこともあるな

Aは起こった出来事です。例えば「上司に叱られた」とします。ここには出来事の事実だけを書き感情は入れません。次にCは結果ですから、「とても悲しくなった」というその時の気持ちを記入するのです。一見するとAという出来事がCという結果をもたらしたように見えますが、実はその陰にBがあります。これは不合理な概念と直訳されますが、簡単に言うと主観的な思い込みのことです。

例えば一度叱られただけで嫌われてしまったと落ち込んでいる人がいますが、その人の思い込みは「叱る＝嫌い」であったり、「自分は叱られるようなことは100%していない！」かもしれません。叱るのは期待があるからでまだ諦めていない証拠かもしれませんし、100%ミスをしない人などいません。ありもしない思い込みで自分を居心地悪くしてしまっているのです。思い込みは他にもあります。次の例題に取り組んでみましょう。

▶ 例題問題

次の文章の中で自分の考えと一致するものに○印をつけましょう！

- どんなことでも、やるからには十分に完全にやり遂げるべきである。（　　）
- 人は、私の期待に応えるように行動すべきである。（　　）
- 物事が思いどおりに進まないのは致命的である。（　　）
- 人を傷つけるのはよくない。そんな人は非難されるべきだ。（　　）
- 危険や害が及びそうな時、深刻に心配するのは当然だ。（　　）
- 人の不幸の原因はいつでも外にあるものだ。（　　）
- 人生の困難は、それに立ち向かうよりそれを避けるほうが懸命である。（　　）
- 私にはやむを得ない過去があったのだから現状も仕方ない。（　　）
- 人から非難されたり拒否されるのは自分がダメ人間であるからだ。（　　）

どれに○がつきましたか？　それがあなたの認知の歪み傾向です。ストレス状態（叱られたり怒るような出来事に遭遇した時など）になった際に出やすいパターンとなりますのでふだんから意識をしておきましょう。そして**Dの論駁とは、Bを言い換えること**です。ではDに挑戦しましょう。

▶ 次に「できたら〜だと思おう」となるように書き直しましょう。

-
-
-
-
-
-
-
-
-

例えば「できたら完全にできるといいな」「自分の思うようにならないこともある」「物事が思うとおりにいかなかったら違う方法を考えるといいな」「人を傷つけることがあっても仕方のない時もある」というふうに、です。そうして言い換えることができたなら、相手との関係性はどう変わりますか？

ちょっとまた違った見方ができるはずです。

以上のことにならって、先ほどの「ＡＢＣ理論の実践ノート」に書き込んでいきます。それをしばらく続けていくうちに、あなたの脳の中がやわらかな考え方に包まれていくことでしょう。

この章で気づいたこと

第10の扉「あなたの目標」

message

どうしたら自分自身を楽しむことができますか？

第10番目の扉は**「あなたの目標」**に向かって開かれています。

目標と目的は違います。

前の章で書いた目的とは「何のために」それをするのか、を考えることでした。目標は目的を実現させるための数値的で具体性のあるものでなければいけません。そしてチャンクサイズを小さくしておかなければ！ チャンクとはあるまとまった塊のこと。そのサイズを小さくするということは、より具体的にいつまでに何をどうしたいのかを、きっちり計画するということです。例えば「痩せたいという目標を立てました」では夢はかないません。いつまでに何キログラム痩せたいのかがはっきりしていないといけないのです。

そしてその前にまず、何のために痩せたいのかを考えて欲しいのです。健康のためですか？ それとも太ってしまって以前の洋服を着られないから不経済と思ったからですか？ あるいは、彼氏が欲しいから？

少しだけあれ？ と思ったのが、40代の方の婚活カウンセリングをした時です。彼氏が欲しいので痩せるつもりだとおっしゃったのです。でもその前に不幸ぐせを何とかしましょう！ とお話しました。つまり目標のすりかえが起こっているのです。痩せる＝彼氏ができる、なら太っている人にはずっと彼氏がいないことになります。でもふくよかな方の隣には素敵な彼氏がいることも多いでしょう？ そう、あなたがうまく痩せたとしても、もしもずっと家にいて外へ出かけなかったら、出会うチャンスもなく彼氏をつくることもできません。本当に気づいて行動目標にしなくてはいけないのは、あなたの人生において繰り返し襲ってくる（と思い込んでいるけれど、実はあなた自身が変わっていないから起こる）トラブルであり、そちらをクリアにしてから次の目標を立てるほうがよいのです。

不幸ぐせを持つＩさん（男性 32 歳）はＩＴ企業に勤めています。口癖は「早期リタイアをしたい」です。希望では 40 歳で退職、その後は悠々自適に海外旅行を楽しみながら過ごしたいのだそうです。問題は口ばかりでそのための努力を何もしていないことでした。

不幸ぐせを持つ方の中に多いのが**「青い鳥症候群」**です。チルチルミチルが出てくるメーテルリンクの名作、幸せの青い鳥を求めてさまようきょうだいのお話です。あちらこちらと探し回って、結局青い鳥はどこにいたのでしたか？ そうです、戻ってみると自宅にいたグレーだと思っていた鳥が、実は青く輝いていたというストーリーです。

童話というのは人生を示唆する内容が盛り込まれています。あのお話にはもっと自分の足元を見つめなさいというメッセージが込められています。あれがやりたい、これも欲しい、と欲求ばかりを追い求めて自分の現状を見ずにいると、単なる夢物語で終わってしまい実現しません。

青い鳥症候群というのは、ちょっと首を突っ込んではみるけれど、すぐに「ここは自分の居場所ではない」と別の職場やサークルへ移り、そこでも適応できずに、結局落ち着くところを求めて転々とすることを意味します。場所だけではありません。結婚相手が欲しいと誰かと付き合ってみるのだけれど、すぐに気にくわないところをその人の中に見出し、次の異性へと心を移していく人もそうです。

自分の足元を見つめるというのは、

- **本当に自分が達成できそうなくらい目標は具体的なのか**
- **現在はどういう状況なのか**
- **それをするために何をどうしたらよいのか**
- **本当にそれをする価値があるのか**
- **それをしたいのは何のためか**
- **それを実現するために経営の五資源（139 頁）はどう回っているか**
- **その目標を達成したら自分はどうなるのか**
- **本当にそうなったら一緒に喜んでくれる人はいるか**

などについて客観的に考えないといけないということです。

先に挙げたＩさんも青い鳥症候群のひとりです。早期リタイアをしたいと言っても、そうするためには資金がいくら必要なのか、その資金のあてはあるのか、リタイアという夢を実現するためにまず自分がしなければならないことは何か、などまるで計画が立っていないのです。いつまで経っても夢が現実になるはずもなく、ただ時間ばかりが過ぎていきます。皆さんの中にもおいでになりませんか？「早く結婚したい」「やりがいのある仕事に就きたい」「リッチになりたい」「キラキラ輝く人生にしたい」なんて抽象的に言っていると、すぐおじいちゃんおばあちゃんになってしまいます。

青い鳥症候群のＩさんですが、カウンセリングで本当にそうしたいのかを確認すると、初回１時間半は意外にも両親への愛がテーマとなりました。ご両親が共働きで一生懸命自分を育ててきてくれたけれど、自分たちの趣味の時間もなくてかわいそうだと思っていたこと、そのために自分が何もしてあげられないという罪悪感を抱えていたこと、ああいう働きづめの人生よりも子どもたちともっとゆっくり語り合える場が欲しいこと、という早期リタイアを望む背景と目的がはっきりとしました。あとはそれを満たす生き方を一緒に考えていくだけです。

Ｉさんが出した結論は、リタイアをしなくても家族のために時間にゆとりある生活をしたいということでした。今の会社だとそれは難しいので転職をすると決めました。どんな会社があり何をこれからしていきたいのかというキャリアカウンセリングへ移っていきます。あれから５年、希望どおり食品関係の総務に転職を果たし、９時―５時の生活をしています。

皆さんはいかがですか？ 人生は思いどおりになる！ と言っても、何を、どう、何のためにしていくのかを明らかにせずに進んではいませんか？ 人生何度でもやり直しができると言っても、夢物語を繰り返していては同じところをぐるぐる回っているだけです。そうならないためにもあなたの心と「今」向き合いましょう。

では、皆さんの人間力・目標達成リストワークにトライしましょう。

【人間力・目標達成リスト】

▶ 1．あなたの今の状況（役割・立場・生活など）に必要な 10 項目を次の言葉から選び、現在の達成度・満足度をメモリまで塗りつぶしましょう！

＜人間力の資質＞

積極性 / 交渉力 / コミュニケーション力 / 実行力 / 分析能力 / 専門的知識 / 課題発見力 / 独創性 / バイタリティ / 健康 / 容姿 / 自信 / 意欲 / 努力 / 他者理解 / 傾聴力 / 表現能力 / 伝達力 / 自己コントロール / アピール力 / 情報発信力 / スピード / 平等性 / 柔軟性 / 粘り強さ / 回復力 / 人脈 / 責任感 / 経験 / 起業家精神 / 人材活用力 / 論理性 / 判断力 / 適応力 / チャレンジ / 忍耐力 / ストレス耐性 / 観察力 / 一般常識 / 感覚の鋭敏性

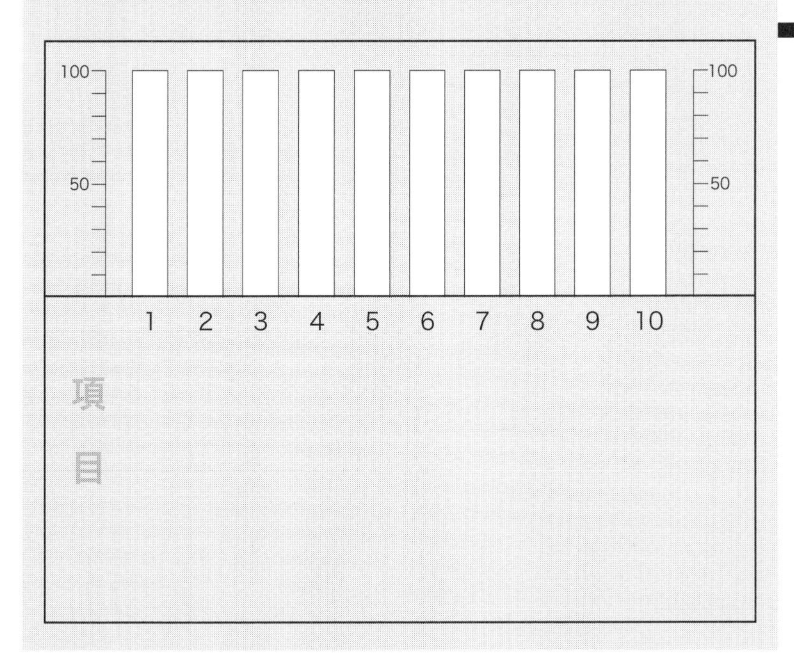

▶ 2．10 項目の中で目標の 100%に達しないものについて、あと何をどうしたいのかを具体的に書きましょう！

（1）
（2）
（3）
（4）
（5）
（6）
（7）
（8）
（9）
（10）

▶ 3．2の項目について、いつ・誰が（誰に）・何をすると実現するのか、具体的に計画を立てましょう！

（1）
（2）
（3）
（4）
（5）
（6）
（7）
（8）
（9）
（10）

人間力という言葉はもともと通俗的に使っていたものですが、人間力戦略研究会の座長であった東京大学大学院教授の市川伸一先生が「人間力に関する確立された定義は必ずしもないが、本報告では、社会を構成し運営するとともに、自立したひとりの人間として力強く生きていくための総合的な力と定義したい」とおっしゃり定義づけがなされました。でも他にもそうした方々がおいでになり、これというひとつのものはありません。

次の表をご覧ください。これだけの要素があるのでひとくちに人間力と言っても全部満たすわけがありません。ですから、今のあなたに何が必要かと考えるとよいでしょう。

人間力

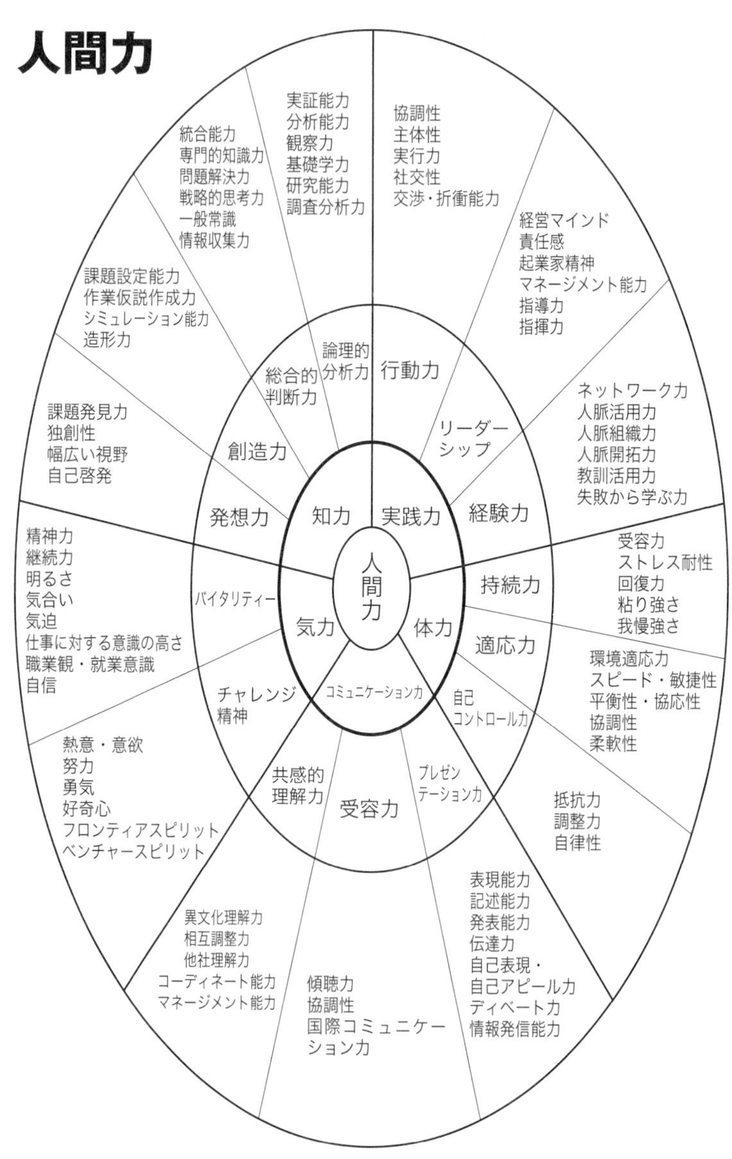

鳥取大学【人間力】の五つの構成要素の相互関係　より引用

達成リストから10個選びましたら、それぞれについて今どのくらい満たされているのかを感覚で線を引きます。そして次に、100%に満たない部分について、何をどうするとそれは満足いく形になるのか、それを具体的に書き出します。

例えば「バイタリティ」を挙げた方が現在50%のあたりに線を引いたとします。そうするとその方が目指す100%はどういう状態を指していて（睡眠時間が6時間あれば思い切りいけるのか、次々と躊躇なく仕事に取り組むことを言っているのか……)、そうなるために、サプリメントを飲むのか、スポーツクラブに通うほうがよいのか、気持ちがポジテイブに転換する方法を求めるのか、などを記載します。

そしてそれは誰がどうしていくのか、答えはもうおわかりですね？ 主語はすべて「私が」とならないといけないのです。「○○さんが」と書いた時点で人間力を養うのを誰かに委ねることになります。それでは実現するはずがないのです。そうとしかできない状況なら、自分の考えもしくは行動を変えることを考えるのでしたね？ そこを踏まえてそれぞれの項目を書き込みましょう。

ユニークだったのは20代の女性。全部の項目を80%で満足にしたのです。理由を聞くと、「少し不満足を残しておくほうが自分の向上心につながるから」と答えました。また50代後半の男性はだいたいが100%に近い数字です。なぜかというと

「ほとんどやりたいことはやりつくした、という感覚があるのでもうこれ以上ハードルを上げたくないのです」と笑っておっしゃいました。年齢や状況によってさまざまですね。

さて、完成した方はちょっとだけ全体を客観視してみましょう。総合的に見て今の気持ちはどうですか？「絶対むり！」って思いますか？ 思ったなら100%という理想・目標を下げてもよいのです。90%に下げたらどんな気分ですか？ それでもよいと思うなら思い切って下げてしまいましょう。そしてそれが実現してからまた少しアップさせたらよいのです。

まずその一歩を踏み出すことから始めましょう。一歩出たら二歩目を出さないわけにはいかなくなります！

この章で気づいたこと

第11日目

第11の扉
「深い自己分析」

message

あらゆることが可能な世界のなかでは、
私の人生はどのように見えるのでしょうか？

第11番目の扉は**「深い自己分析」**をしていきましょう。

私は人間関係におけるトラブルや課題はほとんど親子関係に由来していると考えています。例えばうちに来られたクライエントで、Kさんという薬剤師（40代・男性）がいました。この方の不幸ぐせは「人との摩擦を避けようとする」ことです。まずケンカに発展しそうになると姿を消したり、会話のテーマをすり替えようとします。自分に都合の悪いメールはすべてスルー、さりげない世間話には乗りますが、また先ほどの話題に戻ろうとすると今度は沈黙、たいていの相手はそのことに気がつきますが、その場は知らんぷりをして彼から離れていきます。ですからKさんの周りには似たタイプが集まります。表面だけ楽しければよい、という深く重たい内容から遠ざかろうとする人たちです。

傷つきやすい人や過去に裏切られた経験を持つ人がそうなりやすいのです。Kさんも例外ではなく、小学生の頃にいじめを受けました。「本音を言ったら他人に裏切られる」という固定観念がありますので、そう簡単に本心を打ち明けません。信頼して裏切られた時に自分の心が壊れていくのをそうやって防いでいるのです。またKさんは長男でしたので親にはとても厳しくしつけられました。言うことを聞かないと父親の手が飛んできます。恐怖を感じるので彼は言うとおりにしてきました。他人から強く何かを注意されると、どきどきして口ごもります。小学校時代はいじめっこがそこにつけいり、数々のいじめを行ないました。

Ｋさんの心のシステムがなぜそう簡単に心を許さないのか、これからどのようにするともっと豊かな人生を送れるのか、皆さんと一緒に考えてまいりましょう。

次に示すテストは**「エゴグラム」**と言います。交流分析で使うチェックリストです。

交流分析とは精神分析学を土台として、もっとわかりやすく実用的に開発された学問です。アメリカの精神科医エリック・バーン博士によって研究分野が確立されました。その中の手法で**「構造分析」**というものがあり、そちらで使われるのがエゴグラムチェックリスト（ジョン・Ｍ・デュセイ作成）です。人の心の状態を５つに分けてそれぞれの“自分”がどれだけのエネルギーを出しているのか、というバランスを見ていくものです。企業や組織、家族関係などにおいても、自分の中の要因をしっかり見つめ、お互いに解決に向かおうという目的で活用され効果を上げています。

基本、５つの心（自我状態）のうち低い数値のものを高くしようという考え方をしてください。それではトライしてみましょう。

【エゴグラム・チェックリスト】

以下の質問に、以下のようにお答えください。

ハイ（○）
イイエ（×）
どちらともつかない（△）

ただし、できるだけ○か×でお答えください。○を２点、△を１点、×を０点として、それぞれの項目ごとに合計点を出し、下のグラフの該当する箇所に点をつけ、折れ線グラフを描いてください。

CP	1	人の言葉をさえぎって、自分の考えを述べることがありますか。		合計点（　）点
	2	他人をきびしく批判するほうですか。		
	3	待ち合わせの時間を厳守しますか。		
	4	理想を持ってその実現に努力しますか。		
	5	社会の規則、倫理、道徳などを重視しますか。		
	6	責任感を強く人に要求しますか。		
	7	小さな不正でも、うやむやにしないほうですか。		
	8	子どもや部下を厳しく教育しますか。		
	9	権利を主張する前に、義務を果たしますか。		
	10	「…すべきである」「…せねばならない」という言い方をよくしますか。		

NP	1	他人に対して思いやりの気持ちが強いほうですか。		合計点（　　）点
	2	義理と人情を重視しますか。		
	3	相手の長所によく気がつくほうですか。		
	4	他人から頼まれたらイヤとは言えないほうですか。		
	5	子どもや他人の世話をするのが好きですか。		
	6	融通がきくほうですか。		
	7	子どもや部下の失敗に寛大ですか。		
	8	相手の話に耳を傾け、共感するほうですか。		
	9	料理、洗濯、掃除などが好きなほうですか。		
	10	社会奉仕的な仕事に参加することが好きですか。		

A	1	自分の損得を考えて行動するほうですか。		合計点（　　）点
	2	会話で感情的になることは少ないですか。		
	3	物事を分析的によく考えてから決めますか。		
	4	他人の意見は、賛否両論を聞き参考にしますか。		
	5	何事も事実に基づいて判断しますか。		
	6	情緒的というより、むしろ理論的なほうですか。		
	7	物事の決断を苦労せずに、すばやくできますか。		
	8	能率的にテキパキと仕事を片付けていくほうですか。		
	9	先（将来）のことを冷静に予測して行動しますか。		
	10	身体の調子の悪い時は、自重して無理を避けますか。		

FC	1	自分をわがままだと思いますか。		合計点（　）点
	2	好奇心が強いほうですか。		
	3	娯楽、食べ物など満足するまで求めますか。		
	4	言いたいことを遠慮なく言ってしまうほうですか。		
	5	欲しいものは、手に入れないと気が済まないほうですか。		
	6	“わあ”“すごい”“へえー”など感嘆詞をよく使いますか。		
	7	直感で判断するほうですか。		
	8	興に乗ると度を越し、はめを外してしまいますか。		
	9	怒りっぽいほうですか。		
	10	涙もろいほうですか。		

AC	1	思っていることを口に出せない性質ですか。		合計点（　）点
	2	人から気に入られたいと思いますか。		
	3	遠慮がちで消極的なほうですか。		
	4	自分の考えを通すより、妥協することが多いですか。		
	5	他人の顔色や、言うことが気にかかりますか。		
	6	つらい時には、我慢してしまうほうですか。		
	7	他人の期待に沿うよう、過剰な努力をしますか。		
	8	自分の感情を抑えてしまうほうですか。		
	9	劣等感が強いほうですか。		
	10	現在「自分らしい自分」「本当の自分」から離れているように思いますか。		

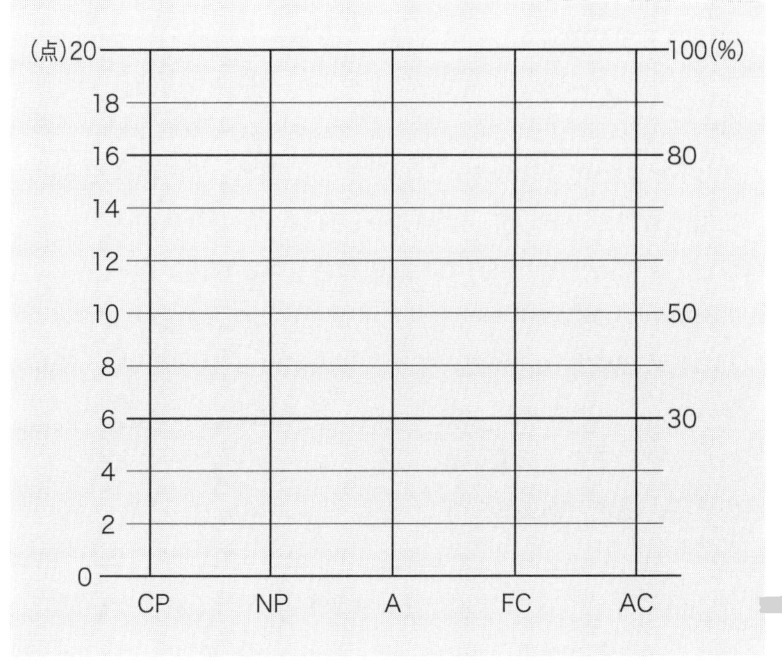

いかがでしたか？

５つの数値をすべて足したものを総エネルギー量と言って、これが高い方ほど他者と関わることに積極的です。一方で低い方は心を閉ざしがちで人間関係がめんどうであると感じているのかもしれません。平均エネルギー量は 50 ～ 60、70 を超えているとたくさんの人と接していても心が疲れないというタイプです。

そして簡単に言うと、細かく分けた５つの自我状態は大きく分けると３つ、三色団子のイメージです。ひとつ目のお団子、自分の中の「親的な私」はモラルや規則にうるさい頑固おやじタイプと、子どもを育て慈しむやさしいお母さん的なところを合わせてP（ペアレント・親）で表します。次のお団子A（アダルト・よそのうちの大人）は客観的に判断して処理する冷静な自分のこと、そして３つ目のお団子は、自由奔放に人生を楽しむお子ちゃまと、一方で周囲の顔色をうかがういい子ちゃんの自分というC（チャイルド・子ども）に分かれるわけです。どの自我状態も自分の要素です。そのどれが良い悪いというのではなく、どれが高い点数なのか、低いのはどれか、が大切であり、それぞれその優位性・劣位性は一長一短、そこに皆さんの性格・個性があるのです。

このエゴグラムについて詳しい資料を添えておきますのでじっくりご覧くださいね。

▶ 資料1

自我状態の成り立ちと特徴（3つの心と5つの働き）

	P・親		A・大人	C・子ども	
自我状態の成り立ち	幼児期に親などがよく言ったこと・やったことを、いつの間にか同じようにそのまま自分の中に取り込んだ部分		思考力が発達するにつれ、事実にもとづいて物事を判断処理しようとする過程の中で作り上げられた部分	幼児期に、親などの養育者に対応しようとする過程の中で感覚的・感情的な反応のしかたを身につけて出来上がった部分	
自我状態の区分	CP 批判的P	NP 保護的P	A 大人	FC 自由なC	AC 順応のC
自我状態の特徴	価値観・信条・良心・道徳観など理想とする考え方を身につけた部分 **父性的**	親身になって世話をする やさしさや愛情を示す部分 **母性的**	問題処理にあたって合理的に情報を収集し、整理統合して、今ここで何が最も適切な解決方法かを判断する部分 **理性的・知性的**	親など養育者の影響をほとんど受けずに、人間が本来持っている自然な感情を自由に表す部分	他人の顔色をうかがい本来の自然な感情を抑え周囲の期待に沿おうと妥協・従順になったり反抗したりする部分
	厳しい私	やさしい私	冷静な私	開けっぴろげな私	人に合わせる私

各自我状態の行動パターン（具体的な働き）

	肯定的側面 （本来の働き）	否定的側面 （過剰な場合）	働きの不足 （低得点の場合）
ＣＰ	・理想を追求する ・良心に従う ・秩序を維持する ・道徳を尊ぶ ・責任を持つ	・偏見を持ちがち ・何事にも批判的 ・支配的である ・排他的である ・独断的である	・時間や約束にルーズ ・規則を守らない ・責任を取らない ・決断できない
ＮＰ	・相手を認める ・共感する ・保護・育成する ・同情する ・受容する	・過度に保護・干渉する ・親切の押しつけ（お節介） ・自主性を育てない ・人を甘やかす ・過剰な期待をする	・温かみに欠ける ・配慮や思いやりがない ・冷淡 ・他人への関心が薄い
Ａ	・理性的である ・合理的である ・沈着冷静である ・事実に従う ・客観的に判断する	・機械的である ・打算的である ・無味乾燥である ・無表情で冷徹 ・頭でっかちな印象	・無計画、場当たり的 ・成り行き任せ ・考えない、推測しない ・周囲を見渡せない
ＦＣ	・天真爛漫である ・好奇心が強い ・直感を尊ぶ ・明るくて活発 ・創造性に富む	・わがままで自己中心的 ・すぐ羽目を外す ・傍若無人 ・ぶしつけな物言い ・感情的である	・感情表現ができにくい ・表情が固い ・陰気で楽しめない ・萎縮した態度
ＡＣ	・協調的である ・妥協性が強い ・聞き分けがよい ・従順である ・慎重である	・遠慮がちである ・依存心が強い ・我慢してしまう ・自主性に乏しい ・敵意を隠す	・人の意見に耳を貸さない ・頑固で意地っ張り ・協調性に乏しい ・妥協できない

▶ 資料2

主なエゴグラムパターン典型例の特徴と対処法

	グラフの形	チェックポイント	特徴的な傾向	対策
1	**への字：平均型** （円満） （常識人）	**①ＮＰ↑** （思いやり） **②適度にＡ↑** （知的、状況把握） **③適度にＦＣ↑** （明るい）	**Ａ頂点：** アメリカ人（合理的） **ＮＰ頂点：** 日本人 対人トラブルが少ない、「和」を重んじる日本人の平均パターン。	まれに自分を良く見せたがる「嘘の結果」のことも。
2	**Ｎ：献身型** （ナイチンゲール） （おしん）	**①ＮＰ↑** （思いやり、やさしさ） **②ＡＣ↑** （人に気を遣う）	やさしいが優柔不断。言いたいことを言えないまま腹にため込む。 気分転換が下手で嫌な感情を引きずり、ストレス病にかかりやすい。	**ＦＣ↑** ストレス発散 楽しむ 感情を出す
3	**逆Ｎ：** **自己主張型** （自己中心） （ドナルドダック）	**①ＣＰ↑** （目標に向かい突き進む） **②ＦＣ↑** （創造性が高い） **③ＮＰ↓**（冷淡） **④ＡＣ↓** （自分勝手）	自分は常に正しく、責任の所在は他人にあると考える批評家タイプ。理想が高く人に厳しい。 方向性を違わなければ、その道で大いに力を発揮する芸術家肌。	**ＮＰ↑** 思いやりを持つ 他人を認める **ＡＣ↑** 協調性を持つ

4	**右下がり： 頑固オヤジ型** （ボス） （リーダー）	①CP↑ （理想が高い） ②AC↓ （人に合わせない）	常識を守る理想主義者。頑固で人の意見に耳を貸さない。ある意味リーダーシップを発揮できる人。他人のすることにカッカしやすく、高血圧・頭痛などになりやすい。	FC↑ 遊び心や楽しみ 心のゆとり持つ AC↑ 人に気遣いする
5	**左下がり： 依存型** （あなた任せ） （いい子）	①AC↑ （人に気を遣う） ②CP↓ （自分の規範に乏しい）	遊び心旺盛で気まぐれ。人に依存する気持ちが強いため、自分で考え判断することが苦手。いつも自信のない態度を取りがち。 人に突き放されることをおそれる。	CP↑ 厳しさを持つ NP↑ 思いやりを持つ A↑ 状況判断力
6	**M：明朗型** （アイドル） （非行少年）	①NP↑ （思いやりがある） ②FC↑ （楽しみ上手） ③A↓ （状況把握できない）	明るく朗らかな若い女性に多い、宴会係と呼ばれるような楽しい人。 他との高低差が大きいと、秩序無視・理屈嫌い・状況読めない・人の話を聞かないなど、悪い面が出る。	A↑ 状況判断力 情報収集・冷静 CP↑ 厳しさ AC↑ 協調性

7	V：葛藤型 （ハムレット）	①CP↑ （理想が高い） ②AC↑ （人に気を遣う） ③A↓ （現実を見ない）	自分や他人に完璧さを要求する反面、遠慮して口に出せない。理想が高すぎていつも葛藤し悩みが多い。 責任感・使命感はあるが、人の評価を大変気にする。	NP↑ 自分を許し他人を認める A↑ 現実的な対処 FC↑ のびのびと感じたまま表現
8	W：苦悩型 （ウェルテル）	①CP↑ （理想が高い） ②AC↑ （人に気を遣う） ③A↑ （知的・客観視）	葛藤する上、現実を吟味分析できる分、悩みは深刻。まじめだがユーモアもなく、暗い印象を与える。 ストレス性潰瘍・うつ状態になりやすい。抑うつ状態も表れる。	NP↑ 自分を許し他人を認める FC↑ 人生を楽しむ 感じたまま表現
9	直線：平坦型 （特徴なし） （とらえどころなし）	でこぼこがない	際立った特徴がなく、とらえどころのない人と見られる。人間的な魅力を持つよう心がける必要あり。	NP↑ 人情に厚い FC↑ 人生を楽しむ

▶ 資料3

各自我状態を高めるためのプログラム

	低すぎることの問題点	高めるために心がけること
CP	理想や信念に欠けるので、周囲の状況に流されやすく、自己主張もできにくい。人を管理指導する立場にある時は、必要な言動が取れないために統制の乱れや不満が生じやすく、本人にもストレスがたまりがち。てきぱきと仕事を進め、けじめある人間関係をつくるためにも、ＣＰを高める必要がある。	・金銭や時間に厳しくなる。 ・「私は、～と思う」と考えをはっきり述べる。 ・自分で決めたことは最後までやり通す。 ・好き嫌いをはっきり言うようにする。 ・約束事はきちんと守り、人にも要求する。 ・安易に妥協せず、自分の意見を最後まで通す。 ・部下や子どもの間違いはその場で指摘する。 ・これで満足してよいのかと絶えず反省する。
NP	人をほめる、励ます、世話を焼くなどしないため、冷たい人と思われやすい。自身も人間関係を煩わしく思いがちで、友人が少ない。人を援助することがないために人からの援助も期待できず、寂しい思いをすることが多い人生。相手のためになるようにと考え行動すると、ＮＰが高まり自分への返報につながる。	・世話役を進んで引き受けるようにする。 ・感謝の言葉を、積極的に口に出す。 ・人を減点主義でなく加点主義で見る。 ・相手のよいところをほめるようにする。 ・人に興味を持ち、関心事や趣味を聞いてみる。 ・相手の立場ならどう感じるだろうかと考える。 ・困っている人には、進んで手を貸す。 ・草花や小さな生き物を、心を込めて育てる。

A	計画性・合理性・冷静さなどは苦手。気分や思いつきで行動するため、ムダと後悔が多い。面倒なことを避け気楽にやろうとする傾向から仕事もずさんなところがあり、人からの信頼はいま一歩。状況把握や情報収集が甘く客観的な判断ができにくいので、複雑な現代社会を生き抜くためにも、Aを高める必要がある。	・言いたいこと、したいことを文章にしてみる。 ・気分でなく根拠や理由を列挙してから決める。 ・当たり前と思わずに、よく調べよく考える。 ・相手の話を注意深く聞き、内容を確認する。 ・物事を分析し、何か規則性はないかと考える。 ・自分の行動に筋は通っているか、無駄はないか、と振り返る習慣をつける。 ・人の話をうのみにせず納得いくまで確かめる。
FC	バイタリティや面白味に欠け、人間本来の生き生きとした感情を出せずに萎縮した印象。享楽的なことに罪悪感があり人生を楽しめないので、人との交流も形式的・表面的でぎこちない。が、人間関係は豊かな感性や無邪気な心で交流してこそお互い満足し深められるため、生きる喜びを感じられるようFCを高めたい。	・楽しいことに積極的に参加してみる。 ・心から楽しめる趣味を持ち、その時間を増やす。 ・おいしい、うれしい、楽しいなどと、気持ちを素直に表現する。 ・ユーモアや冗談を言い、人を笑わせてみる。 ・今まで経験のないことに、あえて取り組む。 ・自ら進んで人の輪の中に入っていく。 ・童心にかえり、子どもと一緒になって遊ぶ。
AC	頑固で自己中心、周囲と合わせようとしないので人とよく衝突する。他人に対する配慮に欠けるため、仲間から浮き上がってしまいがち。相手の気持ちや立場を考えたり譲ったりすることが、結局は自分の望むことを実現させる早道でもあるので、ACを高め「負けるが勝ち」の精神で行くと、ストレスも減る。	・相手の立場を優先させるように心がける。 ・相手を立てる。 ・自分がしゃべるより、相手の話を聞く。 ・相手がどんな気持ちでいるのかよく確かめる。 ・反論せずに相手に従ってみる。 ・批判せず言われたとおりにやってみる。 ・「すみません」という言葉を多く使ってみる。 ・たまには人に上手に甘えてみる。

それで、前出のKさんのお話に戻りますが、彼のエゴグラムはどうだったと思いますか？ もうおわかりですね？ Kさんのエゴグラムは AC優位型と呼ばれる飛び抜けて ACが高いタイプでした。いつも周囲の様子をうかがい本音を言わず、周囲の反応に合わせていくのです。

態度にしても自由にのびのびしている感じがしません。どこか仮面をつけてよそよそしく生きているように見えます。そうなると周りからも何を考えているのかわかりにくいため、本心はどこにあるのだろう？ と疑われやすくなります。そのために人間関係のトラブルにつながったこともありました。でもね、最初からKさんがそうだったわけはありません。もし父親が暴力で彼を育てなかったら……、ちゃんと自己主張ができていたら……、いじめに遭わなくて済んでいたら……、彼だってこうはなっていなかったのです。親やそれに代わる大人たちに、人生は大きく影響を受けます。それはKさんだけでなく皆さんも同じことでしょう。

Kさんのカウンセリングは続きます。

自己分析が終わった後、ではこれからどうしていくのか？ どう変わりたいのか？ という話に移りました。誰でもそうですが、こうなったのは確かに親のせいなのかもしれません。しばらくKさんの口からも親を恨む言葉がたくさん出ました。でもしかたのないことかもしれません。親は親の価値観でしか子どもを育てられないのです。だから子どもが人生のどこかで「再決断」をしなくてはなりません。再決断とは、一度立ち止まり親から受けた“影響”について考える、そして今後は親の教えたとおりに生きるのか、それとも違う道を歩くのかを自分で決断することです。再決断をした後の人生は、自分の責任であり親のせいにはできないことを申し添えておきます。

Ｋさんの再決断は、「将来的に変わりたいとは思っている、でも『今』はまだその勇気が出ないのでもう少しカウンセリングを続けたい」というものでした。あれから８年が経ちました。今では２人の男の子の良き父親として人生論を語れるまでになりました。ただひとつだけ困ったことも起こりました。実はＫさんご夫妻は妻も寡黙な“似たもの夫婦”でした。Ｋさん自身が再決断した時、奥さんも一緒にカウンセリングを受けるよう伝えてもらったのですが、承諾してくださいませんでした。そのためＫさんが変化するにつれて奥さんとうまくいかなくなり（そうですよね、本心で関わりたいＫさんに対して奥さんは心を開かれないのですから）、離婚という残念な結果になってしまいました。それでもＫさんはこれでよかったと言います。以前よりもずっと生きやすくなったと笑顔でおっしゃったのが印象的でした。

この章で気づいたこと

第12の扉
「バーンアウトシンドローム」

message

問題にぶつかったときに、
思わずしてしまう反応は何でしょうか?

第12番目の扉に入る前にあなたに質問したいことがあります。

「前は違ったのに最近やる気が起こらない」「脱力感がある」「身体に湿疹や頭痛など原因のわからない諸症状が出ている」などはありませんか？ もしあるならちょっと危険です。それは精神疾患の前兆かもしれないからです。さらにあなたの性格がどちらかといえばまじめ、完璧主義、几帳面、全力投球をする方でしたら、さらに危険度が増します。そうです、ここで考えたいのは**「あなたももしかするとバーンアウトシンドロームかもしれない！」**についてです。

さて、この**「バーンアウトシンドローム」**と不幸ぐせがどう関係するのか、Ｌさんのケースで説明していきましょう。

Ｌさんは大手会計事務所に勤務する38歳の女性です。最近日曜日になると頭痛がひどくなります。それは火曜日頃まで続き、しだいに治まり週末にかけて症状が消えていきます。そしてまた決まって日曜日になると急に痛み出します。心配になり脳神経外科でMRIを撮ってもらいましたが何も問題はありません。肩こりからきているのかと整形外科でも診てもらいましたがそちらも異常なしという診断です。数か月が過ぎた頃、ストレスからきているのでは？ と疑いを持った友人の勧めにより、カウンセリングを受けに来てくれました。

Ｌさんの職場はとても忙しく、分単位でスケジュールを埋めていく毎日です。さらに１年前に新規顧客開拓プロジェクトが立ち上がり、Ｌさんはそのチームリーダーを務めていました。プロジェクトは予定よりも早くに目標を達成し、周囲からＬさんはやり手だという評価ももらっていました。もともとのまじめな性格に加え、彼女の父親は漆塗りの職人で、無口な人でしたが仕事へのこだわりを持っている人でした。その責任感を受け継いたＬさんもまた、業務においては必ずやり遂げることを大切にしながら仕事をしてきたところがあります。

「そういえば……」と、そのプロジェクトチームが解散した直後から頭痛が始まったことを、Ｌさんは思い出しました。そして同僚には言えないけれどあのハードな毎日が懐かしくなるくらい、最近の業務が暇で虚しく感じていること、この業務にあたるのは自分でなくてもよいのではないのか、前ほどやる気を感じられず力が出ないのだと語ってくれました。仕事に対して物足りないと思うのは恥ずかしいことだと思っていたそうです。「ではあなたにとって仕事はどうあるべきだと思いますか？」と尋ねたところ、「自分に妥協せず完璧な仕事をして初めてお給料がもらえるもの」という答えが返ってきました。性格や状況など見事にバーンアウトするタイプに当てはまると思い、それについての情報を伝えました。

バーンアウトとは燃え尽きてしまうことを指します。皆さんにも経験があると思いますが、新しい職場や仕事に就いてすぐの頃は「よし！　この仕事をがんばろう！」と意欲に燃えています。そしてそれを実現するために突き進みますが、それが終わると成果に関係なく（いえ、むしろ成功したと感じる時ほど）安堵したと同時に妙に気持ちの“張り”がなくなることがあります。そしてぱたっとやる気や目的を見失うのです。さらにそれが身体症状として、不定愁訴――どこが悪いのかわからないけれど体調が良くない、身体のあちらこちらに異変が起こる――となって出てきます。それが心理的ストレスの症状であることに気づかず、おかしいと思って放置していると半年ほど経ってから突然うつ病を発症することもあります。ですから病気を予防するという意味でも、バーンアウトした時点で自分の気持ちと向き合い整理する必要があるのです。

もともとあまりお友達にもぎりぎりまで相談しないところがあったＬさんですので、耐えきれず心身がサインを出していたのでしょう。過去にさかのぼってお話を伺うと、学生時代にも学年末になると決まって熱を出すかお腹をこわし、数日間寝込むことを繰り返していたそうです。

もともとバーンアウトシンドローム（燃え尽き症候群）というのは医療現場の看護師に多いところから研究が進んだと言われています。1970年代アメリカにおいてメンタルヘルス分野が注目され始め、1974年に精神心理学者ハーバート・フロイデンバーガーのケース分析のなかで、初めてこの言葉が使われました。

　ではあなたがどういう状態にあるのか、次のチェックリストをやってみましょう。
　設問に対してその度合いにより点数をつけていくのです。丸をつけた数字がそのまま点数となります。採点表に転記をして縦に合計点数を出します。

【ココロのケア　チェックリスト】

あなたは次の17問について、最近6か月〜1年くらいの間にどの程度の頻度で経験しましたか？ 1〜5点のどれかをつけ、その後、右の採点表に転記してください。

いつもある	**……5**	**しばしばある**	**……4**
ときどきある	**……3**	**まれにある**	**……2**
ない	**……1**		

1. 「こんな仕事、もうやめたい」と思うことがある。
2. 我を忘れるほど仕事に熱中することがある。
3. こまごまと気配りをすることが面倒に感じることがある。
4. この仕事は自分の性分に合っていると思うことがある。
5. 同僚の顔を見るのも嫌になることがある。
6. 自分の仕事がつまらなく思えて仕方のないことがある。
7. 一日の仕事が終わると「やっと終わった」と感じることがある。
8. 出勤前、職場に行くのが嫌になって、家にいたいと思うことがある。
9. 仕事を終えて、今日は気持ちのよい日だったと思うことがある。
10. 同僚と、何も話したくなくなることがある。
11. 仕事の結果がどうでもよいと思うことがある。
12. 仕事のために心にゆとりがなくなったと感じることがある。
13. 今の仕事に心から喜びを感じることがある。

14. 今の仕事は、自分にとってあまり意味がないと思うことがある。

15. 仕事が楽しくて、知らないうちに時間が過ぎることがある。

16. 身体も気持ちも疲れ果てたと思うことがある。

17. 我ながら、仕事をうまくやり終えたと思うことがある。

▷ **採点表**

情緒的消耗感		脱人格化		個人的達成感	
設問	得点	設問	得点	設問	得点
1		3		2	
7		5		4	
8		6		9	
12		10		13	
16		11		15	
		14		17	
合計		合計		合計	

▷ **自己診断表**

	情緒的消耗感	脱人格化	個人的達成感
まだ大丈夫（40% 以下）	5～15	6～11	30～18
平均的（40%～60%）	16～18	12～14	17～16
注意（60%～80%）	19～20	15～17	15～13
要注意（80%～95%）	21～23	18～20	12～10
危険（95% 以上）	24～25	21～30	9～6

さて、この結果について解説しますね。自己診断表をご覧ください。二重線の濃いところがあります。その線よりも上にチェックが該当した方は「バーンアウト度が低い」つまりまだ大丈夫という方です。でも線の下のどこかに該当した場合は「バーンアウト度が高い」ということになり、その度合いによってはかなりの危機感を持っていただきたいのです。そしてバーンアウトには次の3つの要素「情緒的消耗感」「脱人格化」「個人的達成感」がありますのでそれぞれ見ていきましょう。

情緒的消耗感が下の危険エリアに該当するということは、何となく疲れたという心の疲労が、身体の症状となって表れていることを教えてくれています。それぞれの専門医に診てもらっても異常がないという結果が出ているにもかかわらず、不快な症状が続く、さらに気持ちが乗らない、憂鬱感がある、集中力がない、などの精神的症状のある人は、職場が人員不足で休めない、余裕がない状況がないかを確認をします。あとは比較的お若い方々に多いのが自律神経失調症、40代に入ってからの更年期障害も潜んでいることがありますので確認を。またうつ病の最初の症状に似てもいます。

次に**脱人格化**というのは「人がらみの問題」が起こっていることを表しています。例えばお客さまからクレームをきつくいただき自分のせいだと自分を責めている、または課の中に苦手な人がいてその方との関係に悩んでいる、などです。以前ある組織でこの調査をした際、ある課だけが全メンバー脱人格化の危険エリアに該当しました。なぜだろうと順番に話を聞いていくと、パーソナリティに問題のある社員がおひとりいて、その方の対処に他の皆さんが苦労されている状況がありました。それは特異な例だとしても、「あの人がいるので会社へ行きたくない」「人の顔なんてもう見たくない」という、心を閉ざした状態が見えてきます。

そして最後に**個人的達成感**の項目で、問題があるレベルに該当するということは、やる気が起こらない心の状態があります。その原因はひとつには業務がルーティンワーク化していること、また課のリーダーが総括的視点で方向性を示していない場合もそうなりやすいのです。つまり将来に向けて世の中はどうなっていくのか、それにともなって会社の業務や方向性はどうあるべきか、という未来の夢や希望を語っていないのです。どんなものでも同じことをずっと続けているとマンネリ化するのは当たり前です。たまに何かイベント的なアプローチをすることによって部下に刺激を与えていかないと情熱は長続きしません。あなたが部下を持つ立場なら、この仕事をしていればこういうやりがいがあるのだと動機づけをしてあげましょう。そうじゃないと部下は単なる組織の歯車となってしまいます。結婚生活も同様に、たまに結婚記念日のお祝いや夫婦で旅行をするなどして新鮮に感じる演出が必要でしょう。それをせずにいるから感謝の気持ちを忘れてしまうのかもしれません。

どちらにしても前出のキャリア発達課題（120 頁）も参考にしていただいて、今、あなたの年代でなすべきことは何かという課題の確認をしましょう。マズローの欲求５階層説によると自己実現への欲求はずっと成長し続けると言われています。それなら次のステージへジャンプアップしませんか。

さて、バーンアウトシンドロームに陥りやすい気質傾向として**タイプＡ人間**が挙げられます。これは血液型のことを言っているのではありません。1950 年代後半にアメリカの医師フリードマンが、心臓病の外来で待合室の椅子の座面前半部がとても早く擦り切れるのに気づきました。調べると心臓病を持つ患者はわずかな時間を待つということにもイライラした様子です。またその座り方もどっしり深く座るというよりも浅めに腰かけるのです。だからそのようなすり切れが起こると判断、心臓病の患者はある特徴的な性格傾向を持っていることが明らかになったのです。

これを**「タイプＡ行動パターン」**と呼びます。

タイプＡ行動パターンは、過度に競争心が強く、攻撃的でせっかちです。休みなく他人や自分または時間、自分の運命にさえも挑み続けますからどこかで疲れるのは当たり前です。ストレス反応が強く影響を与えるため血管や心臓の病気になりやすいという結果が出ています。まとめると次のとおりです。

▶ タイプA行動パターン

性格面	強い目標達成衝動 競争心おう盛 野心的 時間に追われている感じを持つ 性急でいらつきやすい 過敏で警戒的
行動面	爆発的で早口のしゃべり方 多動である 食事のスピードが速い 一度に多くのことをやろうとする いら立ちを態度に表す 挑戦的な言動 特徴的なしぐさや神経質な癖

(Friedman, Rosenman)

身体と心は常に影響を受け合います。病気になる思考パターンや行動を変化させることで自分を守っていただきたいと思います。「～しなければいけない」から「できたら～しよう」へ、「ぜったいに許せない」から「こういう考え方の人もいる」、「白か黒か、今結論を出す！」から「しばらくグレーでいよう、そのうちどちらかの方向に動くから」などというふうに、です。

このタイプAの行動パターンに当てはまる、またはバーンアウトに該当した方は、いま一度人生において立ち止まることを求められているのだと思ってください。そしてこの生き方を自分でよしとするのか、大切にしたいことは何か、という人生の優先順位をあらためて考えましょう。

苦しくてもつらくても、何かの使命を与えられてここにいます。それはどんなものなのかをしっかり見つめていけば、生き直しなんていくらでも何歳からでもできるのです。

この章で気づいたこと

第13日目

第13の扉「自己表現」

message

あるがままにいるとはどういうことでしょうか？

【「自己表現」について】

あなたは自分の気持ちを上手に表現できていますか？

「この週末は一緒にどこかへ行こうよ」と彼女から誘われました。でもその日は男性の友人と飲みに行く約束になっています。断ったらまた彼女が膨れるかな……M君は迷います。結局そのまま返事をせずにいたところ、夜になってブチ切れた彼女からメールがありました。「返事もせずに無視するのならもう別れるからいいわよ！」

同じ頃N君は次のように彼女に言いました。「ごめん、今週は友達と飲みに行くから一緒に遊べない」「え〜っ、先週もそうだったでしょう？」「うるさいんだよっ！ お前はおれの自由を奪うのか？」「……」黙ってしまった彼女から、「もうあなたにはついていけない」というメールが夜になって入りました。

読んでみて何を感じますか？ MくんとNくん、どちらもふられてしまいましたね。結果は同じでも前者は、「ノンアサーティブ」（アサーティブ〈自己表現〉ではない）な対応と言われ、後者は「アグレッシブ」（攻撃的）な対応と呼ばれています。どちらにしてもアサーティブではないので人間関係をそこねます。アサーティブな表現とは、お互いを尊重しながらも自分の気持ちはしっかりと伝えることです。

アサーション（相互尊重の自己表現）はその名詞形で、1950

年代のアメリカにおいて行動療法のひとつとして開発されました。当時は「自己主張訓練」とも呼ばれ、しだいに対人関係がうまくいかないことで悩んでいる人や、自己表現が下手で社会的な場面での対応が苦手な人のためのカウンセリング技法のひとつとして活用されていきます。そして1970年代に入るとより効果的・積極的なものに変わっていきます。アルバーティ＆エモンズ著『Your Perfect Right（あなたの完全な権利）』がこの年代にベストセラーとなったのです。この本においては「誰でも皆アサーティブになる権利がある」「誰でもアサーティブになってもよい」とされ、“人権”としてのアサーションが強調されています。

▶ 心の基本的人権10か条

日本国憲法には「基本的人権の尊重」がうたわれていますが、人間の心にもまた、互いに尊重し合い犯してはならない権利があります。アサーションの考え方は、それぞれに持っているこうした基本的人権を互いに尊重することが前提となっていることを忘れてはなりません。

それではさっそく「心の基本的人権10か条」（『アサーショントレーニング―さわやかな「自己表現」のために』平木典子著（日本・精神技術研究所）より）について見ていくことにしましょう。

第１条　自分自身である権利（人と違っている権利）
自分は自分としての価値がある。人と違っていてもいい。人と異なっているということは、そのこと自体悪いことではない。

第２条　自己表現する権利
自分の能力を発揮したり、人に認められたりしてもよい。他の人がそうしないからといって、自分を抑える必要はない。

第３条　気持ちや決定を変更する権利
時間と環境の変化とともに、自分の考えや気持ちは変わるもの。成長するということは、変化をともなう。

第４条　ありのままの感情を感じ取る権利
感情に正しい感情・間違った感情、良い感情・悪い感情はなく、感情を合理化したり、正当化する必要はない。ありのままの気持ちを感じてよい。

第５条　不完全である権利
人間である限り完全ではあり得ない。できないこと、知らないこと、興味を持てないことなどがあってもいい。いつも完璧を目指さなくてもいい。最後までやり遂げられないこともある。

第６条　責任を取らない権利
自分に取れる責任とそうでない責任がある。取ってはいけない責任を知ることも大切。

第７条　間違いや失敗をする権利。またその責任を取る権利
間違いや失敗が起こった時には、その責任を取ることが許されてよい。

第８条　ノーを言う権利
できないこと、やりたくないことをいつも無理してやる必要はない。

第９条　行動を起こす権利
自分から欲しいものを求めたり、やりたいことを試みることができる。いつも人の善意や好意、協力を待つ必要はない。

第10条　選択する権利
第１条から９条までが身につけば、状況によってその権利を使うかどうか、選ぶことができる。

少し補足説明をしましょう。

第６条の責任を取らない権利についてですが、これは例えば、子どもが何かの失敗をした時に、夫が「おまえの育て方が悪いのだ。俺は毎晩遅くまで働いている！　お前がきちんと子どものことを見ていないからこのようなことになるのだ！」と言ったとします。ここで妻が「そうね。私の責任だわ」とひとりで責任を負い、自分を責めるようなことがあってはいけないということです。子育ては母親ひとりで行なうものではありません。当然、父親にも子育ての責任があるはずです。このようなことを言われたら、なぜそうなったのかを２人で話し合い一緒に解決していくことが必要となります。

また、第７条では逆に「間違い・失敗をした時に責任を取る権利を人は皆持っているのだから、けっしてそれを奪ってはならない」としています。子どもについて例に取ると……子どもが隣の家の窓ガラスを割ったとします。親子２人で謝罪をしに行く際、子どもが先に謝るべきところを親が先に頭を下げてはいけません。まずは過ちを認め謝ることを子どもにさせる、そうして責任を取らせた後に親が頭を下げるという順を踏みたいものです。

この心の基本的人権 10 か条はあなたが持っていると同時に相手の人も持っている権利です。ですからそれぞれの権利を尊重しながら話し合いを続けることが大事です。

歴史に戻りますが1980年代になると、教育・医療・看護・福祉・心理等の援助職にある人々を対象に、アサーショントレーニングが用いられるようになりました。なぜならこれらの職種に従事する人たちの中に前出のバーンアウトシンドローム（燃え尽き症候群）が目立つようになったためです。「相手に尽くすことが仕事である」と考える人が多いのでストレスをため込みがちでしたが、アサーションスキルを身につけることによってコミュニケーションが円滑になり仕事も効率的になっていったのです。

さて、それでは「お互いを尊重する」とはどういうことでしょう。それは、妥協案を示し譲れるところは譲って相手にできる限りのことをすることです。この場合であれば、今週は難しいけれど来週ならいいという譲歩案や、20時まではお友達と会うけれどその後なら彼女と会ってもいい、という代替案を伝えることを指します。友達と飲みに行くことは断りたくないのであれば、そこは通すけれど、それ以外の部分で何か提案できることがないだろうかと考えればよいのです。

さて、それではアサーションワークを始めましょう。次のチェックシートでアサーション要素のどれが強くてどれができていないのか、を調べます。30個の質問に答えながら点数をつけていってくださいね。

【アサーティブチェックリスト】

それではここであなたのアサーティブチェックをしてみましょう。

まずは、次の1～30の設問項目について、最近の行動を考えながら当てはまる点数を算定表に記入してください。

まったくそうではない……………………………1点
ありそうではない…………………………………2点
ややそうである　…………………………………3点
かなりそうである…………………………………4点

1. 欠陥商品を買わされたことに気づいたら、店にそれを返す。
2. 大勢の前で気軽に大きな声で話すことができる。
3. 親しくなりたい人に率先して働きかける。
4. 一度決心したことは最後までやり通す。
5. 自分を頼りなく感じた時、自分のよさを認め、できるだけ安定した行動をするように努める。
6. 友人が私の信頼を裏切った時、私はその人にどう感じているかを伝える。
7. レストランで出された食事が注文したとおりでなかった時、係の人に苦情を言う。
8. 年輩で周りから尊敬されている人の意見でも、強く反対できる時は自分の考えをはっきり言う。
9. 何かで成功したことをちゅうちょなく話せる。
10. 誰かが私を批判した時、言い訳などしないで素直に批判に耳を傾ける。

11. 人があるものを借りたいと言ってきた時、本当はそうしたくなければ断る。
12. 喜怒哀楽をこだわることなく表す。
13. 相手が理不尽な要求をしてきた時、それに抵抗を示す。
14. ある人が私をねたんでいると告げた時、罪悪感や言い訳の気持ちを感じないで、その人のありのままを受け止められる。
15. 何でも話し合える親友がいる。
16. 自分の過ちをすぐに認める。
17. 大変疲れている時、家人がどうしても友人を連れてきて夕食をごちそうしたいと言ったら、自分の気持ちをオープンに話し、何か他にうまい方法がないか相談する。
18. 列に並んでいる私の前に誰かが割り込もうとしたら抗議する。
19. もし店員が商品を見せるのにかなり手間をかけるようであったら「けっこうです」と言うことができる。
20. 誰かとある話題について討議し、彼らと意見が異なる際、彼らにその相違点をはっきり主張する。
21. 人にお世辞を言ったり、ほめたりすることができる。
22. 自分の行為に対していかなる場合でも責任が取れる。
23. 友人に他の人と一緒に招かれ、本当は行きたくない時、その招きを断る。
24. 不公平に扱われたら異義をとなえる。
25. 給与が不当に低い場合、増額をとなえる。
26. お金持ちや高学歴者、有名人の中にいても、自分らしく振る舞うことができる。
27. 必要とあらば、他人に助けを求めることができる。

28. 他人の感情を傷つけないようにいつも細心の注意を払う。

29. 友人が電話をかけてきて、あまりにも長引くような時、要領よく会話を打ち切ることができる。

30. 誰かに嫌なことをされた時、やめてくれるように頼む。

▷ アサーションプロフィール

A	1	7	13	19	25	計
B	2	8	14	20	26	計
C	3	9	15	21	27	計
D	4	10	16	22	28	計
E	5	11	17	23	29	計
F	6	12	18	24	30	計

（算定表）

20 / 10 / 0						
項目	A	B	C	D	E	F
得点						

（折れ線グラフ）

参考『自分さがしの心理学 自己理解ワークブック』川瀬正裕 松本真理子 編（ナカニシヤ出版）

アサーティブチェックリストで答えたものをアサーションプロフィール（算定表と折れ線グラフ）に転記します。左の算定表には質問の番号1～30の数字が入っています。そこに各設問の答え（点数）を記入してください。書き終わりましたらA～Fごとに横計を出していきます。横計が出ましたら、右にあるグラフの各項目の得点欄に横計を書き写します。その数字をもとに折れ線グラフを完成させてください（メモリは0～20まで2点刻みになっています）。

グラフが完成したら以下に留意しましょう。

①他者と比較する材料にしないこと。

②個人内差異として偏りや自己の盲点に気づくこと。

③日頃感じている自分自身のアサーションスタイルや人からの評価と照らし合わせてみる。

A～Fはどれもアサーションの要素です。折れ線グラフの高い点数の項目については、放っておいてもふだんから発揮できている要素ですので問題はありません。低い項目の点数を高める努力が重要であると言えます。低い要素の点数を上げて総合的に高めていくことがあなたのアサーション度をアップすることになるのです。

【尺度の意味】

▶ A：正当な権利主張

高得点の人は、自分が幸せになるために必要な権利を遠慮なく主張できる人です。一方、低得点の人は、自分が幸せになる権利を放棄しているお人好しタイプの人です。

▶ B：自己信頼

この項目の得点が高い人は、人生その時々の状況を楽しく過ごそうとする自己肯定的な人です。一方、低得点の人は、自分の言動にケチをつけたがる自己否定的な人です。

▶ C：自己開示

この項目の得点が高い人は、ざっくばらんな人柄で、ホンネの話ができる人です。一方、低得点の人は、建前の話が多く、人間らしい触れ合いが生まれにくい人です。

▶ D：受容性

この項目の高い人は、前向きな生き方のできる人です。一方、低得点の人は、不満を抱えて自己嫌悪に陥る人です。

▶ E：断る力

この項目の高い人は、独立独歩のスタンスの持ち主です。一方、低得点の人は、他者の責任まで自分で引き受けてしまうイエスマンタイプです。

▶ F：対決

この項目の得点が高い人は、対立場面でもケンカの構造に巻き込まれることなく、さわやかに自分の感情表現ができる人です。一方、低得点の人は、勝ち負けにこだわるあまり、自分や相手を必要以上に傷つける人です。

この結果において、例えばBとEの得点が低かったとします。Bは自己信頼、Eは断る力です。この項目の尺度の意味を読んでいくと、Bの低得点の人は、自分の言動にケチをつけたがる自己否定的な人、Eでは他者の責任まで自分で引き受けてしまうイエスマンタイプとあります。このことから、BとEの得点の低い人は、「人の責任まで自分で抱え込み、その結果ストレスフルな状態になっている」ことが想像できます。そんな“できない自分”をさらに責めてしまう……。ノンアサーティブな態度がこのような状況をつくっているとも言えるのです。

あなたの自己表現のうちどの能力が高かったでしょうか？

それは放っておいてもきっとこれからも伸び続けるでしょう。課題は低かったものをどう高めるかです。

Aと**E**の**正当な権利主張**や**断る力**の点数が低かった人、はアサーティブトレーニングで行動を変えていかないと頭で考えていてもいつまでも変われません。

一方で**B**と**D**の**自己信頼**や**受容性**についてはどちらかと言えば行動よりも考え方そのものが否定的ですので、これは認知の歪みを正す論理療法（153 頁）をノートに日記のようにつけていく記述法がよいでしょう。

C は先にカウンセリングをして、根っこにある深い思考パターンを明らかにしてからのほうが対人関係が向上するでしょう。

最後の **F**、**対決**は感情のコントロールを調整します。どういう状況の時にそれができにくくなるのかをカウンセリングしてから、表現方法をトレーニングするやり方です。ですから自分を表現するのが下手なのですと言っても、どの要素がうまく機能しないから苦手意識を持っているのかを分析してからトレーニングしたほうがより効果的です。

それを踏まえたうえでアサーションスキルについてお話しましょう。

アサーションについて紹介してきましたが、実際にアサーティブな表現を身につけるにはどうしたらよいでしょう？ アサーションを実施していくうえで DESC 法という技法がありますので、次の手順で DESC 法をエクササイズしてみましょう。

▶ ①D……describe（描写する）

自分が対応しようとする状況や相手の行動を描写する。客観的・具体的・特定の事柄・言動など。

▶ ②E……express, explain, empathize（表現する・説明する・共感する）

状況や相手の行動に対する自分の習慣的な気持ちを表現したり説明したり相手の気持ちに共感する。特定の事柄や言動に対する自分の気持ちを建設的に、明確に、あまり感情的にならずに述べる。

▶ ③S……specify（特定の提案をする）

相手に望む行動、妥協案、解決策などを提案する。具体的、現実的で、小さな行動変容についての提案を明確にする。

▶ ④C……choose（選択する）

肯定的・否定的結果を考えたり想像したりして、それに対してどういう行動を取るのか選択肢を示す。その選択肢は具体的、実行可能なもので、相手を脅かすものではないように注意する。

Dの**「描写する」**というのは、5章で練習した会話の公式に当てはめると「まとめてフィードバックする」と似ています。ただし、ここでは感情を入れず事実や相手の言ったことのみを繰り返します。例えば、「もう終業時刻なのに、今日が〆切の仕事がまだ残っていて、大事な用事があるのに帰れないの……」と同僚に言われたとします。ここでのあなたの返答は「用事があって帰りたいけれど今日中にする仕事がまだ残っていて帰れないでいるのね。」とフィードバックします。おそらく、それに対して同僚は「そうなの。遠距離恋愛をしている彼が久しぶりにこちらに帰ってくるの。誰か手伝ってくれないかな、代わって欲しいなぁ……」というようなことを言ってくるでしょう。もしくはあなたに直接手伝いや代わりをお願いしてくるかもしれません。でも、あなたも連日の残業で疲れきっているので今日は引き受けたくないのです。そこで次のEの**「表現する・説明する・共感する」**を行なっていきます。

「そう……、彼が久しぶりに帰ってくるの。会いたいでしょうから時間が気になるよね。ただ私もしばらく残業が続いているので疲れてしまっていて……代わってあげることができないの。ごめんなさいね」と相手を気遣い、Dで描写したことに対する思いを伝えます。気をつけたいのはここで感情的にならないようにすることです。例えば、「それって、私に代わって欲しいってこと？ 嫌よ！」とか「大変だけどがんばって！ 今日中の仕事だから仕方ないよ。用事は諦めなさい」などと自分本位な（アグレッシブな）言い方をしてはいけません。

次に**S「提案する」**です。「代わってあげるよ」と自己犠牲的な対応（迎合的）をするのではなく、「その仕事は明日に延ばすことが可能か上司に聞いてみた？」「誰かに代わってもらえないか聞いてみてあげる」などこちらにできることを提案し、他に方法がないのかを本人と一緒に考えます。できるだけ具体的、現実的なものを提案する、できれば１つ２つだけではなくいくつかの提案をする、ということも重要です。

そして、最終段階の**C「選択する」**へいきましょう。相手にＳで提案したものの中から、できそうなものを選んでもらいます。もしそれが難しい場合には、具体的・現実的に実行可能なものをこちらからも選択します。この時、その選択が自分と相手の両方にとって、負担や不利益にならないよう気をつけましょう。あなたの提案した案に決定するかどうかはあくまでも相手側なのですから、誘導したりはせず納得のいく選択をしてもらうことが大切です。そしてここで終わらせるのではなく、できたら「うまくいかなかった場合は、また相談に乗るからね」といったフォローも忘れずにしておくとよいかもしれません。

このようなやり方で同僚に対しアサーティブに対応すると次のようになります。

「もう終業時刻なのに、今日が〆切の仕事がまだ残っていて、大事な用事があるのに帰れないの……」

『今日、約束があるので私に仕事を代わって欲しいのね。予定どおり仕事が進まないとつらいよね』

「そうなの。遠距離恋愛をしている彼が久しぶりにこちらに帰ってくるの。誰か手伝ってくれないかな、代わって欲しいなぁ……」

『でも、私も連日の残業で疲れているから今日こそは早く帰りたいと思っているの。本当に申し訳ないけれど今回だけはお手伝いできない、ごめんね』

「え〜ショック……」

『大丈夫！ 何とかする方法を一緒に考えてみたいのだけれど、この仕事は今日中にやらなければいけない仕事なのかな？ 課長に聞いてみると何て言われそうかしら？』

「うん……今日中ですって」

『では、まず最初にできそうなことはどれだろう』

「○○と▲▲かな」

『今日はこれぐらいしか手伝ってあげられないけれど、まず○○と▲▲をやってみてもらえる？ もし難しいようなら別のアイディアも出し合いましょう』

という感じになります。

いつものあなたならどういうやりとりをしそうですか？ もちろんすべてこの方法がよいというわけではありません。関係性がよい場合はいつもどおりでかまいません。でももしも苦手な相手に主張しなければならない場合はこういう公式もあるのだと思って活用していただくと気持ちが楽になるように思います。

この章で気づいたこと

第14の扉
「性格とは何か」

message

私は誰に「なろうとしている」のでしょうか？

あなたが第14番目の扉を開くとそこは**「性格」**について書かれています。

あなたは気になる相手が自分をどう見ているのか、知りたいと思うことがありませんか？ 簡単なのです。ちょっと書き出してみてくださいね。例えばその人といる時、あなたはどんな服装をしていますか？ 話し方はどんなですか？ 声は大きいですか？ 敬語を使って話しますか、または気さくな感じですか？話題はどんなものが多いですか？ 話し役ですか、それとも聞き役ですか？ ふたりの距離感はどうですか？ 相手の表情はどうですか？

そうして書き出したものを少し客観的に上から眺めてください。そこに書いてある人物を自分だと思わずそう行動している人ってどんな人だろうと分析してみてください。おおらかで気さく、ざっくばらんな方に見えますか？ はっきりして明るく細かいことは気にしない感じの方ですか？ というふうに浮かび上がってくるのです。それが相手に見られている「あなた像」となります。

接し方＼対象	Aさん	Bさん
表情は？		
話題は？		
態度は？		
しぐさは？ 動作は？		
会う / 行く場所は？		
格好は？ 持ち物は？		
連絡はどちらから? 会う頻度は？		
その他		

つまり「性格とは何か」を考える時、他の人から自分の内面は見えにくいものですよね？ だからその人の取っている行動を見て判断しているのです。**他人から見た性格とはその人の「行動パターン」です。**よく本当の自分がわからないという方がいますが、本当の自分なんてどこにもいないのです。すべてが自分、“そう”行動しているから“そう”見られるだけのことです。ただ役割・立場により人はその仮面をつけ替えます。

Personality（人格）とはラテン語の“ペルソナ”が語源です。本来はローマの古典劇でつける「仮面」のことをペルソナと呼んでいたのです。それがいつしか人間の人格を表す言葉に変わっていきました。

通常、私たちは上手にペルソナ（仮面）をつけ替えて生活しています。しかし、その仮面を状況に合わせて替えることができず、常に同じ態度で周囲と接していたり、逆に仮面が“厚すぎたり”することにより、本来の自分とのギャップに悩む人などは、自分とペルソナとの関係がうまくいっていない、ということになります。

Oさんもそんなひとりでした。大手電力会社に勤務するOさんは 29 歳、企画室の主任としてがんばっています。高学歴で仕事ができるうえ後輩の面倒もよく見るので社内でも将来有望と噂されています。うちに帰ると、年の離れた妹が２人いるのですが、お弁当作りと掃除・洗濯など世話をしていると毎日が慌ただしく過ぎていきます。やさしかった母親は５年前に病気で亡くなりました。それからは妹たちの母親代わりをしてきたので友達とお食事に行く時間もありません。父親は地方都市に単身赴任中であてにはできません。実質Ｏさんがこの家のいっさいを取りしきっている感じなのです。

先日、父方の祖父が亡くなり相続の問題が発生しましたが、すぐに弁護士に相談して難なく処理しました。彼氏とケンカしたと言ってきた上の妹の相談に乗ったり、下の妹の勉強を見たり、いつも皆がＯさんを頼ります。でも本当はＯさんだって誰かに寄りかかりたいのです。どうしていつも生徒会長や委員長のような役割が自分に回ってくるのだろう、どうしたら甘えられるパートナーを見つけられるのだろうと考え続けていますが、答えは見つかりません。

最近どうもケアレスミスが多くなっているのと変な時に涙が出るので心配ですが、病院に行っている余裕もありません。もっとしっかりしなければ！　と自分に喝を入れていても何となく元気を出せないでいます。

さて、もうおわかりだと思いますが、このＯさんはどこにいても誰といても“ペルソナ”が同じなのです。しっかりしているし何でもできるので頼りにされる、そしてあれこれと引き受けてしまう……この繰り返しです。覚えていますね、不幸ぐせの意味を。人生で何度も同じトラブルや課題に向き合っても、どこかの時点で改めない限り、また同じことがこれからの人生においても起こりうるのです。

ペルソナを替えられる人や場所を見つけることが大切です。例えばOさんも外ではバリバリと働いているしそう見えたとしても、恋人には愚痴や本音が言えるなら……、そしてよくがんばっているねと頭を撫でてもらえたら……気持ちは違うでしょう。男性だって同じことです、妻の膝枕でたまには耳掃除をしてもらえばよいのです。ストレスを発散することは何もスポーツばかりではありません。何もしないでいることや、こうしたペルソナをつけ替えるだけでも気持ちはリフレッシュされます。皆さんはペルソナを付け替えられていますか？

さて、では次のワークにチャレンジしてみてください。

【あなたの顔はいくつある？】

次に挙げた中からあなたが日常で果たしている役割をまずは3つ選び［　］に記入してください。この枠内にない場合は新たに作ってけっこうです。そしてそれぞれの役割において1～20番までの質問について当てはまるものを（　）に○をつけてください。

役割：女、男、主任、社長、父、母、長女、次男、孫、会社員、公務員、ＰＴＡ、クラス委員、町内会、サークル、○○さんといる時の自分、○○さんと飲みに行っている時の自分、○○にいる時、など

選んだ顔（日常で果たしている役割）…	**［　　］**	**［　　］**	**［　　］**
1．ケンカや言い争いになったら黙る。	（　　）	（　　）	（　　）
2．相手にそう簡単に心のうちを見せない。	（　　）	（　　）	（　　）
3．嫌なことがあっても笑顔で接する。	（　　）	（　　）	（　　）
4．言葉づかいがお子ちゃま（幼児のような言葉）になる。……	（　　）	（　　）	（　　）
5．いつも自分のペースで進めたい。	（　　）	（　　）	（　　）
6．腹が立った時には不満を相手に伝えている。…………………………	（　　）	（　　）	（　　）
7．頼まれたら嫌だと言えない。………	（　　）	（　　）	（　　）
8．涙を見せたくない。…………………	（　　）	（　　）	（　　）
9．金銭の貸し借りはしたくない。……	（　　）	（　　）	（　　）

10.	運のせいにする。 ……………………	(　　)	(　　)	(　　)
11.	相手のために尽くすほうである。	(　　)	(　　)	(　　)
12.	声が小さいと言われる。 …………	(　　)	(　　)	(　　)
13.	相手の言うことに従いがちである。	(　　)	(　　)	(　　)
14.	よく見栄を張ったり格好つけたりする。	(　　)	(　　)	(　　)
15.	その場を盛り上げたり雰囲気づくりをする。	(　　)	(　　)	(　　)
16.	身だしなみがきちんとしている。	(　　)	(　　)	(　　)
17.	食事の時に取り分けをする。 ……	(　　)	(　　)	(　　)
18.	相手の話や悩み事を聞くことが多い。	(　　)	(　　)	(　　)
19.	相手のためにならないことは厳しく叱る。	(　　)	(　　)	(　　)
20.	約束の時間に遅れたことがない。	(　　)	(　　)	(　　)

さて、○または×が３つの顔ともそろってついた項目はどれでしょうか？

その項目こそがあなたがいつの間にかためているストレスかもしれません。つまり**ペルソナを取り替えていないために自分や相手を息苦しくさせてしまっている要因**なのです。ですから○または×が３つともそろった項目の数が多ければ多いほど切り替えができずつらい思いを抱えている可能性があります。

さらに役割を５つに増やしてみて考えた時にも、○または×が5つともそろってしまったら……。そんな自分を否定していないだろうか、自分を出せる相手や場があるだろうかと考えてみましょう。もしなかったら、これからの人生で見つけていかないともしそれがもとで苦しくなったら大変です。どうしてもない場合はカウンセリングに行って話をすることでもかまいません。どちらにしてもそういう場を用意しておきたいのです。

さて、Oさんですが、もともと他人に教えてその人にやってもらうよりも、自分が動くほうが早いという性分でさっさと行動してしまっていました。妹たちだってもう社会人と大学生ですので家事は彼女たちと分担することにしました。そうして捻出した時間で、以前から学びたかった手話の講座に通うことにしました。そこはボランティアをしている人も多く話題もまったく違っていたそうです。競争や利益の追求が求められるビジネス感覚をその講座では出さなくて済むので、気持ちが楽だと言います。

そしてなんと!! そこで知り合った男性とお付き合いをすることになりました。報告をしにカウンセリングへ来られたOさんが「何かひとつ変えるだけで、人生ってこんなに変化するのですね」とおっしゃったのを本当にうれしく思いました。そう、カウンセリングはきっかけにすぎなくて、でもそこで行動を変えるという一歩を踏み出した人だけが奇跡を呼ぶのかもしれません。

性格について少しだけ触れておきます。

▶ 性格の構造

①気質：親から遺伝的に引き継いだもの。遺伝的・素質的な要素が強い性格部分。

②気性：幼児期の対人関係（きょうだい順位やしつけ）により形成された性格。家族との関係でできる性格。

③習慣的性格：家族外の友人や学校などの集団の中で体験により形成される性格。

④役割的性格：現在置かれている状況での役割（職業や職位、夫や妻の役割など）により形成された性格。

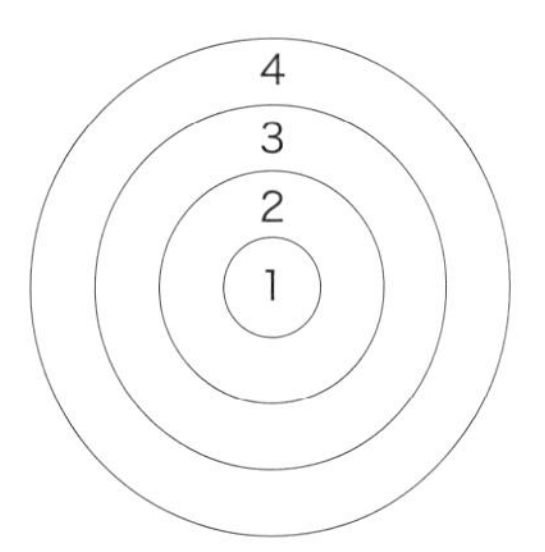

ペルソナの説明をしましたが、

この④の役割的性格を指していることが多いのです。

この性格四重丸は外側にいけばいくほど変えやすいと言われています。ですから変えようと自分が思えばいくらでも変化していくものだと言えましょう。

この章で気づいたこと

補講その１
「気持ちの整理」

message

私はどんな言い訳を思いついて、
そこにいなくて済むようにしたいのでしょうか？

今日からは補講に２日間お付き合いください。本書もあと少し。では「気づきの総括」を行なってまいりましょう。

今日は、あなたの**「気持ちが整理できているのかどうか」**がわかります。いろんな葛藤を抱えたまま進むと必ずトラブルが起こります。ひとつひとつ決断しながら足元を固めていきましょう。それをせずにいる人も「不幸ぐせ」があると言えるでしょう。

54 歳の男性Ｐさんは最近何かと、もの思いにふけることが多くなりました。というのも、ここに来て自分の人生は何だったのかと考えることが増えたからです。娘２人はもう家を出て社会人として働いています。妻もパートをしているので帰り時間はＰさんと同じくらいになります。

妻は申し分のないほど今まで家のことをやってくれた上、専業主婦であった彼女が働きに出始め、自分の経済力のなさを示されたようで「ふがいないなぁ」と感じています。休日一緒に映画を見たりスポーツをしに出かけたくても、妻はインドア派なので趣味が合わずそれもつまらないと感じています。両親は長男である兄が面倒を見ており、そちらは問題がないですし、幸せと言えばそうですが、何か心にぽっかりと穴が開いているような気分です。先日、中高年の活動サークルに参加してみました。40 人くらいで山登りやボランティアをしているグループです。そこなら楽しめそうだと気も紛れましたが、やはりもやもやした気持ちは収まらずにいます。

また別の女性Qさんは39歳・会社員をしています。彼女は5年前にひき逃げ事件で当時3歳の息子を亡くしました。そのショックからしばらく家から出られませんでしたが、2年後に犯人が捕まり裁判を傍聴した時、酒気帯び運転にもかかわらず反省の色もない犯人の様子に愕然としたのです。激しい怒りがわき、その日からひき逃げ事件撲滅のための活動を始めました。NPO法人をつくり、さまざまな事件の背景を調べ発表したり、犯人捜しの支援をしたりと活動を続けています。

当時のお友達は彼女の尋常ではない活動の様子に引いたようで、いつの間にか離れてしまいました。彼女を支えているのは恨みの感情だけです。夫は悲しみを消化しきれずに、仕事人間となり家に帰らなくなりました。今でも下着を取りに戻るくらいで、ふだんは職場の近くのビジネスホテルに泊まっています。Qさんには何の罪もないのに、どうしてこんなことになるのだろうと見ていてつらくなります。

生きているといろいろな出来事が起こります。それによって人生の途中で足踏みせざるを得ない時があるでしょう。PさんもQさんも「自分は幸せではない」とおっしゃいました。どちらの方向へ向かって歩いていこうとしているのか、先が見えないという点ではおふたりとも同じような状況にいるのです。

さて、では皆さんは人生のどんなことに何を感じているのでしょう。次のエクササイズを使って調べてみましょう。次の言葉に続けて文章を書いて完成させてくださいね。

【文章完成法テスト】

(SCT Sentence Completion Test)

◎次の言葉に続けて自由に文章を作成してください。

◎理屈で考えすぎるよりは直感を大切にし、最初に浮かんだ言葉を書くようにしましょう。

1．私がいちばんやりたいことは

2．あと1か月の命

3．生まれた時私は

4．私はよく

5．パートナー（恋人）と

6．心って

7．私が不満を持っているのは

8．自分の顔

9．私の失敗は

10．私が好きなのは

11．もしも父が

12．仕事

13．母と

14．多くの時間

15．世の中

書いたら次に、書いた文章を読んでポジティブな感情（喜び、わくわく、安心、決心、整理、すとんと腑に落ちる等）であるのか、ネガティブな感情（つらい、にくい、ざわざわする、くやしい、悲しい、もやもやする、嫌だ、気になる等）なのかをチェックします。番号の前に【ネまたはポ】のどちらかを書いてみましょう。

次に、ポジティブなものは気持ち的に整理されているものとして、そのままでけっこうですので、ネガティブなものについてまた分類します。ネガティブな文章の最後に「でも」「しかし」でつなげ、その後にポジティブな文章を続けられますか？

例えば、「心って嘘っぽい」→「心って嘘っぽいけれど、それも人間だからまあよしとしましょう」というふうにです。もし書けたのであれば問題ありませんのでポジティブの仲間に入れてかまいません。でも書き換えることができなかったなら、それと向き合うことになります。

さらに、ネガティブなものの中に相反する葛藤を起こしているものがあったならどうするか、です。例えば「世の中って信じてはいけないもの、でも捨てたものでもないし」とあったら、何かひっかかりがあるような感じですね。世の中って抽象的に書いてありますが、それって誰のことなのか、どこかの会社、組織、グループを表しているかもしれません。

実はこの答えを書いた男性はある会社の営業部に所属して

います。「世の中って何を意味しているのかしら？」と私が聞くと、しばらく沈黙があってから、「うちの会社内のことかもしれません。新入社員として入社して８年、この会社の風土になじめません」とおっしゃいました。

それから答えにならない答えを出したものもネガティブの中に含めましょう。「自分の顔って……ああ……」何のことなのでしょうね。出てこない、意味のない言葉は心に抑圧がかかっていて、本当は言いたいことがあるのに出ないか、ごまかしているのかもしれないと心理学的にはみなします。

そこも何があるのかを少し深く考えたいところです。同様に、感情の入らない淡々と事実だけを書いた人も少しその文章を疑ってみてください。「生まれた時私は3500グラムだった」「仕事は社会人としての義務である」という感じの文章です。それは一般的な答えを書くことで自分の気持ちを表さなくても済むことからこれまた深層心理に何かあるのかもしれないと見つめていただきたいのです。

とにかくポジティブまたはネガティブに「でも」「しかし」をつけられたもの以外の文章を線で囲んで見直してみましょう。客観的にそれらを通して考えた時、何か複雑な気持ちになった番号の文章から自分に問うてみてください。こう書いたことにどんな意味があるのだろうと。そしてそれを乗り越えた時、あなたの不幸ぐせも解消されるのかもしれません。

では皆さんに心理分析官になっていただいて次の解答例を考えてみましょう。

Rさん（44歳女性・自営業　既婚・子ども2人）の解答

1．私がいちばんやりたいことは
愛する人と豊かでゆったり過ごすこと。

2．あと1か月の命
だと宣告されたら、保険金などの手続きをしたり、お世話になった人にご挨拶しに行きます。

3．生まれた時私は
珍しかったので皆からちやほやされました。

4．私はよく
うまくいかないといらいらします。

5．パートナー（恋人）と
手をつないで歩きたい。

6．心って
抽象的で不確かなもの。

7．私が不満を持っているのは
今どきの若い人たちのマナー。

8．自分の顔
はぶさいくだけど、少しは味のある顔になってきたかな？

9．私の失敗は
たくさんあるけれど、そこから学んできたと思います。

10．私が好きなのは
家族

11．もしも父が
生きていたらやってあげたいことがたくさんあります。

12．仕事
は忙しいけれど充実しています。

13．母と
もっと仲良くできたらよいのにと思います。

14．多くの時間
私は家事や仕事をしています。

15．世の中
はお金と人で回っています。

Ｒさんがネガティブとしたものは、４、７、13の３つでした。それ以外は文章がどうであれ、自分の気持ちのうえで納得できているそうです。

では、うまくいかない時とはどういう時なのか？ については、主に仕事の時だそう。インテリアの小物グッズを製作、また仕入れもしながらお店を経営しているのですが、経営と好きなものを作る時間のバランスがうまくいかないとのこと。そのジレンマにいらいらしがちだそうです。家族を大切に思っているのにどうして八つ当たりをしてしまうのかと悩んでいます。そして７番の若い人とは誰を指しているのか？ という問いには、最近辞めた20歳のスタッフのことで、敬語はできない、おつりは間違えるわで大変な思いをしたのだそうです。このところ何人も若いスタッフが辞めているので、どう彼らを育ててよいのかわからないので課題として残っているのです。そして一番の問題は、父が亡くなった後ひとり暮らしをしている母親のこと。少し認知症になってきているのではと疑っていますが、とても強迫観念が強くて困るのだそうです。戸締まりがきちんとしていないことや鍵の置き場所が指定したところにないとすぐにかんしゃくを起こすとのこと、身体は元気なので健康的に見えますが、精神的にやはり以前と違ってきています。年を取ったと感じることが多くなってきたので、そろそろ施設入居も計画していこうと考えているとのことでした。

全体的に感じたのは、本当にやりたいことができていないという現実です。したいこと・すべきこと・できることの３つのバランスがどこか悪いのです。すべきことに追われて、したいことがまったくできていません。できることではありますが、他に頼めるのであればその分「したいこと」に回せるはず。その結果、経理は今まで自分で帳簿をつけていましたが、代行してくださる税理士事務所へ依頼することにしました。そしてスタッフを若者から思い切ってベテランの50代女性２人に替えたのです。そうすると製作の技術力があったものですから売り上げがかなり伸びてきました。日中は彼女たちに任せて母親の入居先を探してきました。さらに家族と過ごす時間も少しだけ増えました。

Ｒさんのように、自分が何を求めて生きているのかがわからなくなっている人って、意外に多いのです。とりあえず目の前のことをしているけれど、あれもこれもやらなくてはならない、でも時間が足りない、といつの間にか大事なことを後回しにしてしまっています。そして途方に暮れるのです。それを繰り返しているうちに、年齢を重ねてから、今まで何をしてきたのだろう……と考えることになります。

今したいことをするために、何をすべきなのか、そしてそのために何ができるのかを決断していってもらいたいと願っています。

この章で気づいたこと

補講その２
「不幸ぐせを断ち切る」

最後の扉は、あなたの未来に向かって**「不幸ぐせを断ち切る」**ために開かれました。

よくここまで来てくださいましたね。あとは勇気を出してあなたの一歩を踏み出すだけです。でも踏み出そうとしてもちょっぴりこわいでしょう？ そうなのです、今までと違うことをする時って抵抗がありますよね。でもね、生きていくうえでストレスのない生活なんてあり得ません。ハンス・セリエというカナダの生理学者は「ストレスは人生のスパイスである」と言いました。確かに人生には「上り坂」「下り坂」ともうひとつ「まさか」という坂があるとよく言われるように、ハプニング時に起こるストレスも楽しむくらいのほうが楽かもしれません。そういうストレスに弱いタイプの性格が４パターンがあります。

①完璧主義
②依存性が高い
③対人過敏
④自己否定

①、②のことを別名「くれない族」と呼んでいます。口癖が「～してくれない」と始終、不平不満を言っているからです。

①は仕事のできる人に多くて責任感が強く仕事もきっちり、黒白どちらかにすぐに決着をつけたがるところがあります。待てないので自分から結論を出してしまうタイプです。

一方、②の**依存性が高い**タイプは自分から何かを変えようとしないのです。誰かが面倒を見てくれたり指示を出してくれるのを待っているというタイプです。でも周囲は思ったように動いてくれない……だから不満がいっぱいになるのです。そういう意味では①の**完璧主義**の人たちも自分の思ったとおりに動いて欲しい期待感いっぱいですから、どちらの場合も期待外れからくる都合のよい不満ということになります。

③と④は周りから「いい人」と言われるグループです。

③の**対人過敏**の方は他から見た自分がとても気になります。どんな噂をされているのか、他人は自分をどう見ているのか、そして嫌われたくないという思いがあります。だからいつも他のものさしで自分の行動を決めようとします。

④の**自己否定**タイプも似たようなところはありますが、根底に自分像の低さが存在します。これは愛されて育ってこなかった方に多いのです。例えば誰かと比較される傾向があったり、世間さまがどう言うかなどと親が口ぐせとして言っていたなどの背景があります。ただ最近は親が大事に育てすぎていて、チャレンジする、がんばるということをしてこなかった人たちの中にも、このタイプが増えてきました。というのは、失敗したことがないからです。チャレンジして失敗した経験がある

と、失敗に慣れているのでそれほどこわくありません。落ち込みから立ち直る方法を知っているでしょうし。でも失敗するチャンスのなかった人にとってそれは勇気のかなりいることなのです。その結果、またチャレンジしない→失敗しない→新しい何かをすることや、自分自身に自信がないという悪循環に陥ります。周りから、素敵だよ、君ならできるよ、と言われても尻込みしてしまうのでいつも同じところに小さくなって居続けるのです。

この４パターンがもっと極端になってコミュニケーションに障害すら出るようになると「パーソナリティ障害」と言われて、近くにいる人たちとトラブルを起こしがちになります。

【パーソナリティ障害　診断基準チェックリスト】

▶ 妄想性パーソナリティ障害

（次の７つの基準のうち、４つ以上が当てはまる）

▷十分な根拠がないにもかかわらず、他人が自分を利用したり危害を加えようとしていると思い込む。

▷友人などの誠実さを不当に疑い、そのことに心を奪われている。

▷何か情報を漏らすと自分に不利に用いられるとおそれ、他人に秘密を打ち明けようとしない。

▷悪意のない言葉や出来事の中に、自分をけなしたり、脅かすような意味があると思い込む。

▷侮辱されたり、傷つけられるようなことがあると、深く根に持ち、恨みを抱き続ける。

▷自分の評判や噂話に過敏で、勝手に人から不当に攻撃されていると感じ取り、怒ったり逆襲したりする。

▷根拠もないのに、配偶者や恋人に対して「愛人がいるのではないか」といったような疑惑を持つ。

▶ スキゾイドパーソナリティ障害

（次の７つの基準のうち、４つ以上が当てはまる）

▷家族を含めて、人と親しい関係を持つことを楽しいと思わず、持ちたいとも思わない。

▷ほとんどいつも孤立した行動を取る。

▷他人と性体験を持つことにあまり興味を見せない。

▷趣味のような、喜びを感じる活動にあまり関心がない。

▷親、きょうだい以外に、親しい人や信頼できる人がいない。

▷他人の賞賛にも批判にも無関心に見える。

▷よそよそしく冷たい。感情の幅が乏しい。

▶ 統合失調型パーソナリティ障害

（次の９つの基準のうち、５つ以上が当てはまる）

▷統合失調症の症状に似た「関係念慮」を持っており、「あらゆることが自分に関係している」と考える傾向がある。例えば、他人が話をしているのを見ると、自分の噂をしていると思う。

▷迷信深かったり、「自分はテレパシーの能力を持っている」「第六感が働く」と言ったりするなど、魔術的な思考や奇妙な空想を信じている。

▷実在には存在しないはずの力や人物の存在を感じるなど、普通にはあり得ない知覚体験や身体の錯覚が見られる。

▷考え方や話し方が奇異である。例えば、会話内容が乏しい、細部にこだわりすぎる、抽象的、紋切り型など。

▷疑い深く、妄想じみた考えを持っている。

▷感情が不適切で乏しい。例えば、よそよそしくてほほえんだりすることがない。うなずくなどの表情や身振りがめったにない。

▷奇妙な宗教に凝ったり、迷信を信じていたりするために、行動や外見もそれに合わせて奇妙で風変わりになっている。

▷親子関係以外には、親しい人や信頼できる人がいない。

▷社会に対して過剰な不安をいつももっている。それも、ほとんど妄想に近い恐怖であることが多い。

▶演技性パーソナリティ障害

（次の８つの基準のうち、５つ以上が当てはまる）

▷自分が注目の的になっていないと楽しくない。

▷しばしば不適切なほど性的に誘惑的・挑発的な態度を取る。

▷感情表現が浅く、変わりやすい。

▷絶えず自分の身体的な魅力を強調して、人の関心を引こうとする。

▷感情表現がオーバーになわりには内容が乏しい。

▷芝居がかった態度や感情表現をする。例えば、感傷的に泣いてみせたり、ささいなことに大げさに喜んでみせる。

▷周りの人や環境の影響を受けやすい。

▷対人関係を実際以上に親密なものと思い込み、たいして親しくもない人になれなれしく振る舞ったりする。

▶自己愛性パーソナリティ障害

（次の９つの基準のうち、５つ以上が当てはまる）

▷自分を特別重要な人間だと考えている。

▷限りない成功、権力、才気、美しさ、理想的な愛の空想に取り憑かれている。例えば、自分は才能にあふれているから、どんな成功も思いのままだし、すばらしい相手とすばらしい恋愛ができるなどと思い込んでいる。

▷自分は特別であって独特なのだから、同じように特別な人たちや地位の高い人たちにしか理解されないし、そういう人たちと関係があるべきだと信じている。

▷過度な賞賛を要求する。

▷特権意識を持っている。自分には特別に有利なはからいがあって当然だと思い込んでいる。

▷自分の目的を果たすために、いいように他人を利用する。

▷共感する部分に欠けている。つまり、他人の感情や欲求が理解できず、認めようともしない。

▷しばしば嫉妬する。または、他人が自分に嫉妬していると思い込んでいる。

▷尊大で傲慢な行動や態度が見られる。

▶ 境界性パーソナリティ障害

(次の９つの基準のうち、５つ以上が当てはまる)

▷愛情欲求が強いために、愛情対象が自ら去ろうとすると、異常なほどの努力や怒りを見せる。

▷相手を理想化したかと思うと、こき下ろしてしまうといったように、人に対する評価が極端に揺れ動くので、対人関係が非常に不安定。

▷アイデンティティが混乱して、自分像がはっきりしない（同一性障害）

▷非常に衝動的で、ケンカ、発作的な過食、リストカット（手首を切る）、衝動買いなどの浪費、覚せい剤などの薬物乱用、衝動的な性行為などが見られる。

▷自殺行為、自傷行為や自殺を思わせる素振り、脅しなどを繰り返す。

▷感情がきわめて不安定。

▷絶えず虚無感にさいなまれている。

▷不適切で激しい怒りを持ち、コントロールできない。そのため、物を壊したり、人を殴ったりといった激しい行動を起こす。

▷ストレスがあると、妄想的な考えや解離性症状が生じることがある。

▶ 反社会性パーソナリティ障害

（15歳以来、反社会的な行動が認められ、次の７つのうち３つ以上が当てはまる）

▷逮捕の原因となる行為を繰り返し行なうことで示されるように、法を守るという、社会的な規範に従うことができない。

▷人をだます傾向がある。例えば、自分の利益や快楽のために嘘をつく、偽名を使う、人をだますといったことを繰り返す。

▷衝動性が強く、将来の計画が立てられない。

▷怒りっぽく、攻撃的で、頻繁にケンカしたり、繰り返し暴力を振るう。

▷向こう見ずで、自分や他人の安全を考えない。

▷一貫して無責任である。例えば、ひとつの仕事を続けられない、借金を返さないといったことを繰り返す。

▷良心の呵責を感じない。例えば人を傷つけたりいじめたり、人のものを盗んだりしても、反省することなく、正当化する。

※18歳以上である。
※行為障害が15歳以前に見られている。（例：盗み、ケンカ、放火、家出、不登校、窃盗、嘘をつく）

▶回避性パーソナリティ障害

（次の7つの基準のうち、4つ以上が当てはまる）

▷人から批判、否認、拒絶されるのをおそれて、仕事で重要な人と会わなければならない機会を避けてしまう。

▷「好かれている」と確信できる人としか、付き合おうとしない。

▷恥をかかされたり、ばかにされたりすることをおそれて、親密な相手に対しても遠慮してしまう。

▷人が集まっているような社会的な状況では、批判されないか拒絶されないかと、そればかり考えてしまう。

▷「自分は人とうまく付き合えない」と思っているため、新しい対人関係がつくれない。

▷「自分は社会的にうまくやっていけない」「自分にはよいところがない」「人よりも劣っている」などと思っている。

▷「恥をかくかもしれないから」と思い、新しいことを始めたり、個人的にリスクを冒すようなことに対して、異常なほど引っ込み思案である。

▶ 依存性パーソナリティ障害

（次の８つの基準のうち、５つ以上が当てはまる）

▷日常のことでも、人からありあまるほどのアドバイスと「大丈夫だよ」「何かあったら助けてあげるよ」といった保証をもらわなければ決められない。

▷自分の生活上の重要なことでも、たいてい人に責任を持ってもらいたがる。

▷人の支持を失うのがこわくて、人の意見に反対できない。

▷自分の判断力や能力に自信がないために、自分自身の考えで計画を始めたり、物事を行なうことができない。

▷人から愛情や支持を得るために、不快なことまでやってしまうことがある。

▷「自分で自分のことができない」という、強い恐怖や無力感を感じている。

▷死別生別を問わず、親しい関係が終わった時に、自分を世話し、支えてくれる別の関係を必死に求める。

▷「自分が誰にも世話されずに放っておかれる」という恐怖に、非現実的なまでにとらわれている。

▶ 強迫性パーソナリティ障害

（次の８つの基準のうち、４つ以上が当てはまる）

▷細かいこと（規則、順序、構成、予定表など）にとらわれて、ポイントを見失う。

▷何かひとつでも落ち度があると、それを理由に計画の達成を丸ごと諦めてしまうというような完全主義。

▷娯楽や友人関係を犠牲にしてまで、仕事にのめり込んだり、効率よくすることにのめり込む。

▷ひとつの道徳、倫理、価値観に凝り固まっていて、融通がきかない。

▷とくに思い出があるわけでもないのに、使い古したもの、価値のないものを捨てられない。

▷自分のやり方に従わない限り、人に仕事を任せたり、一緒に仕事をすることができない。

▷金銭的に自分に対しても人に対しても、ケチである。将来の破局に備えて、お金は貯めておくものと思っている。

▷頑固である。

（ＤＳＭ Ｖ）

どの方もある程度はこのチェックリストのパターンに当てはまるのですが、だからといってすぐにパーソナリティ障害というわけではありません。（　）にそれぞれに当てはまる個数が書いてありますが、その数以上当てはまり、なおかつ家庭や職場、またはサークルのようなところで、さまざまなコミュニケーショントラブルがあるようでしたら、一度専門機関に相談されるとよいでしょう。

不幸ぐせの重大なケースはほとんどこの10種類のうちのどれかに当てはまっています。リストカットや自殺未遂を繰り返したり、相手に暴言を吐いて傷つけてみたり……問題行動が多くなりますので他人ばかりでなく自らも苦しくさせていきます。早めにカウンセリングを受けて行動や思考パターンを変えることにより、ご自身の人生を守って欲しいと願っています。

そしてどのパーソナリティ障害の方々も、成育歴が違っていたら、こうはなっていなかったと思う人ばかりです。幼少期に育ってきた環境のせいで、ここまで性格は影響を受けるものなのかといつもせつなく思います。

29歳のSさんは親が地方都市で歯科医院を経営しています。きょうだい・親子すべて医師・歯科医で、それ以外の職業は認めないという方針の家庭でした。何度か医学部を狙いましたが受験に失敗、結局、歯科・医療事務の資格を取ったのち家業を手伝うことになりました。早く結婚させようという父親のすすめで、医師をしている男性数人とお付き合いをするのですが、交際となるといつもうまくいきません。自分に自信がないため、相手が自分から離れて、いつかいなくなるのではという不安にかられるからなのです。そして不安になると感情のコントロールができなくなり、自宅にある薬箱に入っているどんな薬をもすべて飲んでしまい意識が遠のくので、救急車を呼ぶことを繰り返してしまいます。境界性パーソナリティ障害の可能性という診断結果を受けました。

厳格で完璧主義の父親の影響により、自我という自分で考え自分で判断する部分が育ちにくい環境にありました。常に父親の顔色をうかがいご機嫌を損ねないようにしているSさんでした。

では、皆さんもそうですが、親の影響が強かった人はどうしたらよいのでしょう。

【再決断】

それは**「再決断」**するしかないのです。親から与えられた価値観を一度整理して、結果、親と同じそれを選ぶのか、自分なりの価値観をこれからつくっていこうとするのか、自分で選択をするのです。その時に再決断したことは、自分の決断としてもう親の責任にはできないことを覚悟しなくてはいけません。

▶ では用紙にまとめてみましょう。左側に親の口癖、親の後ろ姿から受け取った価値観を、右側に自分が選択、決断した内容を書いていきます。

「仕事・職業観」は、仕事とはどうやって選び、遂行していくのか、です。そこにともなうあなたの心意気はどのようでしょう？

「結婚観」はご両親の関係、さらに自分の劣等感や満たされない思いを表すこともあります。したいのか、したくないのか、から始まり、どういう結婚生活を送りたいか、気持ちを表しましょう。

「人生観」と**「死生観」**は同じ言葉が並ぶかもしれません。人間は産まれた瞬間に死に向かって進んでいます。だから今という時間をどう生きようとしているのか、生とは何か・死はどんなものか、を問われます。人生とは……の「……」に入る言葉を考えてみてから始めるとわかりやすいかもしれません。

「男性観」は父親を通して成り立ちます。また幼少期からの「らしさ」のしつけをどう受けてきたのかです。「男なのだから」「長男なのだから」「女のくせに何だ、その格好は」というような男女間の違いをどれだけ感じて育ってきたのか。意外に「自分の内には男女差はない」と答える人もいます。そういう人は社会的状況の中でもないのかどうかを考えてみてください。まだまだ日本という社会はジェンダーにより何かしらの違いが言われます。そこに住みにくさを感じる人もいるようです。

「女性観」も同様に母親を通じて育まれます。お母さんはどんな人ですか？ お母さんとあなたはどんな関係ですか？ その影響により異性への見方はどうですか？ 自分の行動にどう関係してきますか？

あなたはそれぞれの価値観をどう考えていますか？ どういう方向性でこれから生きていきますか？

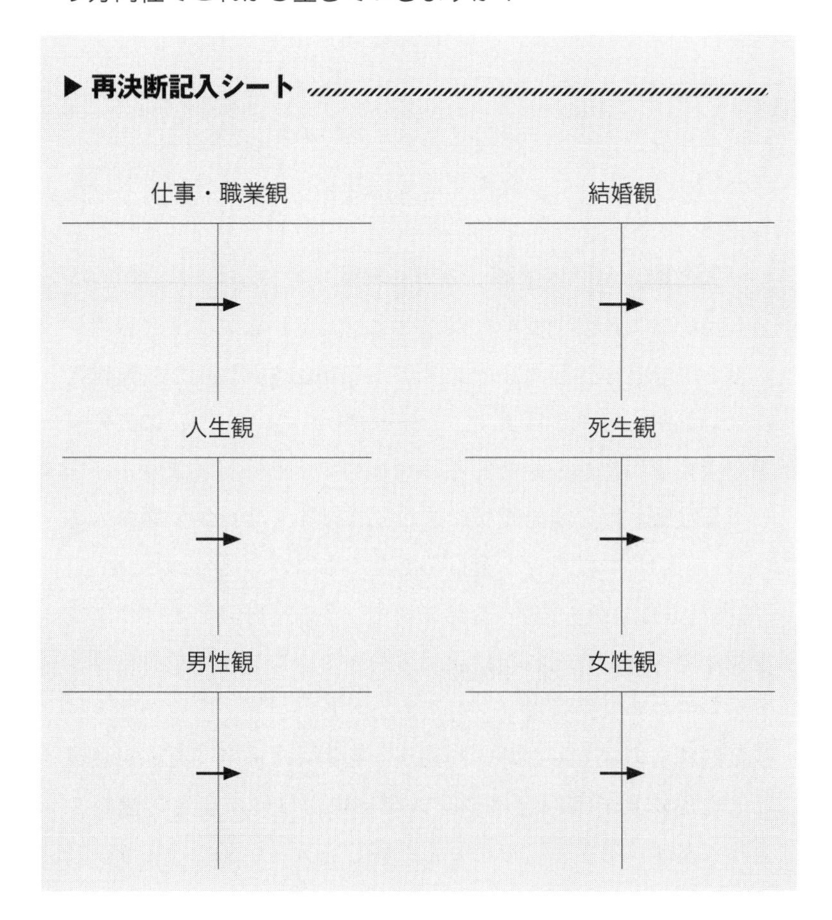

いかがでしたでしょうか？　なかなか出てこなかったという方もいらっしゃるかもしれません。そういう方は親のことを知っているようで実は知らないのかもしれません。息子・娘としてではなく、大人として一度ゆっくりご両親と語り合ってみてはいかがでしょうか。もし亡くなっている場合は、どこか静かなところでひとり回想してみてそれをシートにまとめます。今までこのシートを書いてもらった際に出た例をいくつか挙げてみます。

「女性であっても将来は手に職がないとね」

「お父さんは無口だから……」

「結婚なんてつまらないわね、よいことなんてまったくない」

「時間がもったいないでしょう？　要領よくやりなさい」

「お兄ちゃんと違ってあなたはおしゃべりが上手だから。アナウンサーが向いているのじゃない？」

「お父さん、お疲れさま。いつも遅くまでありがとう」

「男ってこれだからね〜、お母さんもっと素敵な人と結婚したらよかったわ」

「いつか死ぬからね、その準備は早めにしないとね」

「年を取っても孫の面倒を見るような生活はしたくないなあ」

「お天道さまはきっと見てくれているから悪いことをしちゃだめだよ」

他に、父親が仕事人間で休みなく働いていた、責任感だけは仕事に対して持っていた父だった、母が父の悪口ばかり言っていた、逆にほめて認めていた、いつも忙しそうにしていた、など態度で示しているケースもあります。

その言葉や姿勢があなたにどんな影響を与えたのかを知る、そして今後はどうしたいのかを決めて欲しいのです。なぜかというと、そうしないといつまでも“誰か”によって書かれた人生脚本を生きることになってしまうからです。これからは自分が人生の主役、自分のしたいことや夢を自由に実現できることを忘れずにいてください。責任はともないますが決めるのはあなたです。それができた人だけが人生の豊さを味わうことができるのです。

先ほど登場していただいたＳさんですが、カウンセリングに６年を要しました。その間に異業種交流会で知り合った男性と結婚をしました。夫は医師でも何でもなく収入もそれほど多くありません。それでもパーソナリティ障害であることも承知のうえ力になってみせる！　と腹をくくってプロポーズをしたのです。でもその道は険しいものでした。最初はおとなしかったＳさんもそのうち、自殺未遂とリストカットが頻繁に行なわれるようになりました。そのたびに夫は寝不足、病院と会社を往復する日々が続きます。それでも彼を支えたのは、体調や気分のよい時のＳさんの笑顔でした。夫もまた、小さい頃から両親が離婚、愛情飢餓の状態で育ちました。

彼の夢は温かい家庭を築くことでした。自分が果てしない愛情を注ぐことで相手を幸せにするという決断が彼を幸福へ導きます。少しずつ感情のコントロールができるようになってきたＳさんに待望の赤ちゃんが誕生します。出産後１年はホルモンバランスのせいもあり情緒不安定だったＳさんも徐々に安定していきました。子どもが２歳になった時、Ｓさんがこう言いました。「無償の愛は、親が子どもに与えるのではなく、子どもから与えられるのですね」と。そうですね、子どもは無条件に親に愛されたくてくっついてきます。どんなにＳさんが八つ当たりをしても、「ママ！」と言って近寄ってくる我が子を抱いて何度泣いたことでしょう。子どもから、そして全力で見守ってくれる夫に愛されることにより、Ｓさんは順調に生きる力を取り戻していったのです。最後に彼女は宣言をしました、幸せになるためにどうするのかを考えて、これから生きることを。

皆さんも不幸になるために産まれてきたのではないのです。目標を見間違えずに、幸せになるために何ができるのか、どう自分の考え方と行動を変えると生きやすくなるのかを考えて過ごしてください。いつでも私はそばにいてあなたを見守っています。

あとがきにかえて

５年前の３月 11 日。

私は札幌に住んでおり、新千歳空港へ知人を迎えに行きました。途中歩いていてぐらっとしたのは自分のめまいだと思っていました。その後ニュースで東日本大震災だと知り、大変な状況に胸を痛めました。関東に住んでいる友人に物資を送りはしたものの、育児と仕事に追われて何もできない自分に苛立っていました。

それから１年ほど経って、まだ日本全体がそのショックから立ち直りきれていないある日、１通のメールをいただきました。仙台に住んでいる高校生のＭくんからでした。はじめまして、で始まるそのお便りには、ご両親を震災で亡くされたこと、叔父さんが北海道に住んでいて私の講演を聴かれたこと、その方が何かあったら私にメールをして慰めてもらえと伝えてくださったことなどが書いてありました。その叔父さんという方のお名前に見覚えはありません。でも私は講演でよく何かあったらメールをくださいとお話しているので、それを覚えていてくださったのだと思います。ありがたいことです。それから最初は毎日、そのうち週に１回程度メールでやりとりをするようになりました。今は月に１度くらいに減りましたが近況報告をしてくれます。

彼の悲しみに寄り添うことで、初めて「いのち」について考えました。身体はなくなってもご両親との思い出は消えない、そして子を思う親の気持ちが、数々のしつけや思想、行動指針となって彼を彼らしい方向へ導いているのです。これが愛情なのだと思いました。そして亡くなってもまだ彼を包んでいるものを「いのち」であると感じたのです。ちょうど同じ頃、私は過労で倒れました。検査をした時の血圧が 180、血管年齢が 80 歳代でした。医師は私にこう告げました。「神田さん、このままだったらすぐに死んでしまう」と。まだ娘は６歳になるかならないか、くらいです。どうしよう……と落ち込みました。いえ、落ち込んでいる時間などないのです。生活を改めることにしました。食事療法やジム通いと睡眠時間の確保、仕事の量をスタッフに分配するなどして改善、そのおかげもあって今では実年齢よりも若い血管になりました。

その時に、生きるとは自分の「いのち」をまっとうすることであって、おろそかにすることではないと感じました。では「いのち」をまっとうするために私に与えられた使命とは何だろう？

そのことを大学生になったMくんにぼそっとつぶやいた時、Mくんが言ってくれたのです、「先生がいてくれてよかった」と。涙が出ました。こんな私でもそう言ってくれる人がいる、まだ世の中のお役に立つことができるのではないかしら？ じゃあ、何ができる？ と自問自答を繰り返して、やはり私にはカウンセリングしかない、と思ったのです。そして誰かがそっと寄り添ってくれる場所が、全国津々浦々、そばにあればどんなに心強いだろう、そのためにカウンセラーの養成スクールを再開しようと計画を始めたのでした。

北海道を中心にここ20年ほど法人を経営し、カウンセラーの養成や派遣をしてまいりました。その間に出産し女児をひとりもうけました。泣いて母親の私にすがる彼女を置いて出張に行くせつなさを感じながら、ある時には信頼していたスタッフに不正経理をされ、あることないこと言われた結果、スタッフ数名が一緒に辞めてしまったこともありました。レベルアップを図りたくて、出した認定資格を毎年更新とする！ と決めた際に、生徒さん数人に弁護士を立てられそれは契約違反だと文書が送られてきたこともありました。いのちに関わる仕事であるがゆえに厳しくしようとしたのに資格を失う保身しか考えられないのか、とがっくりきて、もう養成なんかやめようと思ったこともありました。せっかく育てたスタッフが夫の転勤や子育てを理由に簡単に辞めることに虚しさも感じました。でも不思議と、どの時にもまるで「辞めてはいけない」とばかりに、他校への不満を抱えた受講生さんが編入させてくださいと飛び込んできたり、「私がやります！」と業務を担う人が現れもしました。

そのたびに、「よしっ！」と奮起してここまでやってきたのでした。そして今、各地域に住むすばらしい人材がスクールをつくろうと立ち上がってくださっています。5年後には全都道府県にひとつずつカウンセリングルームを持てるように育成していきたいと心に決めました。

松下幸之助さんが「人生には失敗なんてない、途中でやめるから失敗と言われるだけ」とおっしゃったのですが、本当にその通りだとあらためて思います。

不幸ぐせもそうです。いつまでも慣れ親しんだ「不幸」の中に居続けるほうが簡単です。でもそこから、「よしっ！」と決めて前に進み続けていれば必ず幸せを手に入れることができます。心から皆さんのこれからの行動力に期待しています。

今回、本を初めて出版するにあたり、何もわからず、書きたいことはあってもどう書いてよいのかわかりませんでした。誰に向かって書けばよいのだろうと悩みました。

先ほど申しましたとおり、私は42歳の時に高齢出産をし、現在10歳になる娘がいます。彼女がはたちになったら私は62歳、まだ大丈夫。彼女が30歳になると私は72歳、ん？ 彼女が35歳だったら77歳、う〜ん。いつまで私は生きられるだろう。娘が恋をして結婚に迷った時、私はそばにいるだろうか？ 自分の子どもを育てながら彼女は何を思うのだろうか？ そしていつか彼女が悩み苦しんだ時のために、あなたの母親はこんなことをしてきたのだと、今までやってきたことを書き残しておきたいと思ったのです。同時に、読んでくださる皆さんにとっても母という存在でいたいと思いました。誰が自分の子どもが不幸ぐせをつけたまま生きるのをよしとするでしょうか。皆さんをいつでも包み込む、やさしくかつ厳しい存在でありたいと願っています。

だから困った時にはいつでもこの本を開いてください。

そして自分の気持ちを見つめて欲しいのです。

あなたの人生はあなたが主役です。

どんなふうにも脚本を書き換えることができるのです。あとは、決断して行動に移すだけです。それだけでいくらでもあなたの望む人生が手に入ります。どうぞひとりではないことを信じて、前に進んでください。

私も同じです。
ひとりの力では本を出すことなどできませんでした。

24歳で一緒に暮らし始めてからずっと私を見守ってきてくれた夫にまず感謝の気持ちを伝えたいと思います。私たち夫婦は6、7年前にケンカが絶えなくなり、これは夫婦であることへの甘えであろうといったん籍を抜きました。別居をするでもなく、姓を変えるでもなく、何ひとつ変わったことはありません。でもひとつ屋根の下に2つの戸籍が存在しているといういっぷう変わった夫婦です。でも、今ではとても仲良しで親友のようです。彼が支え見守ってくれなかったなら今の私はありませんでした。そして最優先は家族と言いながら、ふだんは「優先」させてもらって仕事を続けてきました。娘にもがまんを強いたことがたくさんあったでしょう。でも家事と勉強と習い事を両立させられる立派な娘に育ってくれています。将来は産婦人科医になりたいそうです。大切な、いちばん身近にいる家族にまず感謝を。

そして最後になりましたが、本の出版と同時にスクール開校へのアドバイスをたくさんくださったClover出版の小川会長、なかなか原稿を書かない私を根気強く励ましてくださった小田編集長、動画撮影とスクール立ち上げの運営をしてくださった三浦剛志さん、実物以上にプロフィール写真を美しく撮ってくださるカメラマンの柳川洋輔さん、出版記念講演会を主催してくださった各地域のお友達やボランティアの皆さま、そして励ましてくださったたくさんの皆さま、本当にありがとうございました。

私がここまで来ましたことへの感謝の気持ちを、恩送りでつないでいきたいと思います。

2016年5月
神田裕子

復刊に添えて――あとがき

３年間を別の単位に置き換えると、36か月、または1000日ちょっと、26000時間……う～ん、短いのか長いのか、わからない。

初版本を出していただいたのは、娘と二人きりの東京生活が１年を過ぎた頃でした。まだ彼女は小学校３、４年生でしたから、夜ひとりになるのを寂しがりました。それでシッターさんに子守りをお願いしながら、私も仕事と学業を両立させました。月に一度ほどの割合で夫の住む札幌へ帰っていました。

小学校４年生で、彼女の学年は学級崩壊ならぬ学年崩壊…。学校大好きの娘もさすがに「行きたくない」と言いだし、何度私も校長室へ足を運んだことか。私自身もグリーフケア研究所を修了した後、別の大学の臨床心理学科に社会人編入をしたためしんどかった記憶があります。

今年の春、親子そろって卒業。小学校５年生時に転勤して来られた先生のおかげで、奇跡的に持ち直した学校で豊かに過ごし、自らの意思で札幌の難関私立校を受験しました。偏差値48からのスタートでしたけれどね（笑）。そうして春から娘のお弁当づくりはパパにバトンタッチしました。

私は東京に残り大学院に進学､新しい学びを開始しました｡「ノンプロフィットのMBA」とも言われる社会デザイン研究科に通っています。長く心理学やカウンセリングに専念してやってきたので、初めて聞く言葉ばかりです。ソーシャルデザイン、ソーシャルイノベーション、多様性、ジェンダー、貧困問題、哲学、アフリカ研究、ダークツーリズム等々、なんて自分が無知であったかを思い知らされています。知らないことを知るのって楽しいです。

でもね、実は卒業したらしたいことがあるのです。犯罪加害者に寄り添いながら更生を促す教誨（きょうかい）活動です。着々と計画実行中です。大学院の前期だけではほとんどの単位を取得します（これから試験……）。そして８月以降に仏門に入る修行を開始します。そう、出家して尼僧になるのです。宗教家でなければ教誨活動ができないことも動機のひとつですが、何よりも精神性を高めたいという以前からの欲求を抑えられないのです。日常とは別の環境に身を置いて精進したいと考えています。

大学院の研究テーマもそれに沿っています。キーワードは「犯罪加害者」「教誨活動」「加害者性」。人生でこんなにたくさんの本を読んだことがない、というほど違うジャンルの本を読み続けています。

将来的には東京と札幌を往復しながら、尼さんカウンセラーとして相談業務や教誨師としての活動、執筆、講演業をしていきます。それほど今までと違う生活ではありませんが、手を合わせて感謝することを大事にしながら「誰かのため」に生きていきたいと思っています。したいことがいっぱいあります。ワクワクしながら今はひきこもっています。

あらためて本書を読みながら、やはり人生は自分の考え方次第だと感じています。不幸な身の上や環境があったとしても、いくらでも幸せになることはできます！　何歳からでも生き直しをすることも可能です。私も心身の衰えに負けず（!?）楽しみながらチャレンジを続けます。どうぞあなたがつらい時にはこの本を手に取ってください。そして勇気をもって行動することです。困った時にはいつも私がそばにいます。

最後になりましたが、タイトルや装丁すべてリニューアルして、再度本書を出版してくださったClover出版さまならびに代表取締役社長であり編集長の小田実紀さまには心から感謝申し上げます。意外に？不器用で職人気質な私をいつも褒めてくださるのです。私らしくあれる場を提供していただいてありがとうございました。

そして初版本と本書の両方にレビューを書いてくださった方や、本書を手に取ってくださった読者の皆様に、この場をお借りしてお礼申し上げます。

2019年7月
ツタの絡まる校舎で珈琲を飲みながら
神田裕子

著者略歴

神田裕子（かんだゆうこ）

札幌市出身。藤女子大、心理学研究所を経て1989年より札幌市内の専門学校や短期大学にて教鞭をとる。1996年 カウンセリングオフィスを開設、翌年法人化し、EAPや心理カウンセラーの養成事業を展開。北海道庁、北海道電力ほか、官公庁・民間企業においてメンタルヘルス調査･講演研修を実施。講演数は年間300回にも達する。2014年 会社を譲渡、拠点を札幌から東京に移しフリーとなる。
上智大学グリーフケア研究所、ルーテル学院大学臨床心理学専攻で学び直しをした後､現在は立教大学大学院21世紀社会デザイン研究科に在学中。40歳を過ぎてからの出産を機に「働き方改革」や「ワークライフバランス」がテーマに加わる。さらに尼僧・教誨師を目指して修行中。趣味はダークツーリズム、映画鑑賞。
講演テーマ:「カウンセリング理論･演習」「メンタルヘルス」「コーチング」「アサーション」「アンガーマネジメント」等

オフィスレアリーゼ代表
認定心理士
産業カウンセラー
元北海道女性起業家ネットワーク代表

• 連絡先オフィスレアリーゼ：http://www.realiese.com/
• ブログ：https://ameblo.jp/psychology-yukon/
http://www.yuko-kanda.com/

参考文献

・『アサーショントレーニング―さわやかな「自己表現」のために』平木典子 著（日本・精神技術研究所）
・『自己カウンセリングとアサーションのすすめ』平木典子（金子書房）
・産能大学テキスト『コミュニケーション』
・『必携 臨床心理アセスメント』小山充道 著（金剛出版）
・『ストレス心理学―個人差のプロセスとコーピング』小杉正太郎ほか 著（川島書店）
・『フロイト全集〈7〉1901年―日常生活の精神病理学』高田珠樹 翻訳（岩波書店）
・『フロイト全集〈15〉1915-17年 精神分析入門講義』鷲田清一 編集（岩波書店）
・『白雪姫　大人のための残酷童話』倉橋由美子 著（新潮文庫）
・『SCT（精研式文章完成法テスト）活用ガイド―産業・心理臨床・福祉・教育の包括的手引』伊藤隆一 著（金子書房）
・『認知行動療法実践ガイド：基礎から応用まで 第2版―ジュディス・ベックの認知行動療法テキスト―』ジュディス・S・ベック 著　伊藤絵美ほか 訳（星和書店）
・『ストレスに負けない技術－コーピングで仕事も人生もうまくいく！』田中ウルヴェ京 著　奈良雅弘 著（日本実業出版社）
・『新行動変容のヘルスカウンセリング―自己成長への支援』宗像恒次 著（医療タイムス社）
・『ヘルスカウンセリング事典』ヘルスカウンセリング学会 編　宗像恒次 監修（日総研出版）
・『DSM-IV 精神疾患の診断・統計マニュアル』The American Psychiatric Association 高橋三郎 訳（医学書院）
・『TA TODAY―最新・交流分析入門』イアン・スチュアート 著　ヴァン・ジョインズ 著　深沢道子 訳（実務教育出版）
・『人生ドラマの自己分析　交流分析の実際』杉田峰康 著（創元社）
・『教育カウンセリングと交流分析』杉田峰康 著（チーム医療）
・『自分さがしの心理学 自己理解ワークブック』川瀬正裕 松本真理子 編（ナカニシヤ出版）
・『自分でできるカウンセリング―女性のためのメンタル・トレーニング』川喜田好恵 著（創元社）
・『「独習」入門カウンセリングワークブック』福山清蔵 著（金子書房）
・『「独習」実践カウンセリング・ワークブック』福山清蔵 著　日精研心理臨床センター 編（日本・精神技術研究所）
・『コーチングのプロも使っているサクセス手帳』コーチ・トゥエンティワン 著（ディスカヴァー・トゥエンティワン）

校正協力／ペーパーハウス
編集・本文design＆DTP ／小田実紀

最高の「考え方」　「自分が好きになる」心理アプローチ大全

初版1刷発行 ● 2019年7月29日

著者

神田 裕子（かんだ ゆうこ）

発行者

小田 実紀

発行所

株式会社Clover出版
〒162-0843 東京都新宿区市谷田町3-6 THE GATE ICHIGAYA 10階　Tel.03(6279)1912　Fax.03(6279)1913
http://cloverpub.jp

印刷所

日経印刷株式会社

ISBN978-4-908033-31-5　C0030

本書の内容に関するお問い合わせは、info@cloverpub.jp宛にメールでお願い申し上げます